O EFEITO CUMULATIVO

Também de Darren Hardy

Design Your Best Year Ever: A proven formula for achieving BIG GOALS

Living Your Best Year Ever: A proven system for achieving BIG GOALS

"Um programa real com ferramentas reais que podem mudar a sua vida e transformar seus sonhos em realidade."
— **DAVID BACH**, AUTOR BEST-SELLER DE *O MILIONÁRIO AUTOMÁTICO*

O EFEITO CUMULATIVO

ALAVANQUE SUA RENDA, SUA VIDA, SEU SUCESSO

DARREN HARDY
EDITOR DA REVISTA *SUCCESS*

ALTA LIFE
EDITORA
Rio de Janeiro, 2020

O Efeito Cumulativo - Alavanque sua renda, sua vida, seu sucesso
Copyright © 2020 da Starlin Alta Editora e Consultoria Eireli. ISBN: 978-85-508-1386-8

Translated from original The Compound Effect. Copyright © 2010 by SUCCESS. ISBN 9780981951249. This translation published and sold by permission of SUCCESS Books ™, an imprint of SUCCESS Media the owner of all rights publish and sell the same. PORTUGUESE *language edition published by Starlin Alta Editora e Consultoria Eireli, Copyright* © 2020 *by Starlin Alta Editora e Consultoria Eireli.*

Todos os direitos estão reservados e protegidos por Lei. Nenhuma parte deste livro, sem autorização prévia por escrito editora, poderá ser reproduzida ou transmitida. A violação dos Direitos Autorais é crime estabelecido na Lei nº 9.610/98 com punição de acordo com o artigo 184 do Código Penal.

A editora não se responsabiliza pelo conteúdo da obra, formulada exclusivamente pelo(s) autor(es).

Marcas Registradas: Todos os termos mencionados e reconhecidos como Marca Registrada e/ou Comercial são de responsabilidade de seus proprietários. A editora informa não estar associada a nenhum produto e/ou fornecedor apresentado no livro.

Impresso no Brasil — 1ª Edição, 2020 — Edição revisada conforme o Acordo Ortográfico da Língua Portuguesa de 2009.

Publique seu livro com a Alta Books. Para mais informações envie um e-mail para autoria@altabooks.com.br

Obra disponível para venda corporativa e/ou personalizada. Para mais informações, fale com projetos@altabooks.com.br

Produção Editorial Editora Alta Books Gerência Editorial Anderson Vieira	Produtor Editorial Illysabelle Trajano Juliana de Oliveira Thiê Alves Assistente Editorial Maria de Lourdes Borges	Marketing Editorial Livia Carvalho marketing@altabooks.com.br Editor de Aquisição José Rugeri j.rugeri@altabooks.com.br	Vendas Atacado e Varejo Daniele Fonseca Viviane Paiva comercial@altabooks.com.br	Ouvidoria ouvidoria@altabooks.com.br
Equipe Editorial	Adriano Barros Ana Carla Fernandes Ian Verçosa	Keyciane Botelho Larissa Lima Laryssa Gomes	Leandro Lacerda Paulo Gomes Raquel Porto	Rodrigo Dutra Thales Silva Thauan Gomes
Tradução Samantha Batista	Copidesque Jana Araujo	Revisão Gramatical Thamiris Leiroza Thaís Pol	Diagramação Luisa Maria Gomes	

Erratas e arquivos de apoio: No site da editora relatamos, com a devida correção, qualquer erro encontrado em nossos livros, bem como disponibilizamos arquivos de apoio aplicáveis à obra em questão.
Acesse o site www.altabooks.com.br e procure pelo título do livro desejado para ter acesso às erratas, aos arquivos de apoio e/ou outros conteúdos aplicáveis à obra.
Suporte Técnico: A obra é comercializada na forma em que está, sem direito a suporte técnico ou orientação pessoal/exclusiva ao leitor.
A editora não se responsabiliza pela manutenção, atualização e idioma dos sites referidos pelos autores nesta obra.

Dados Internacionais de Catalogação na Publicação (CIP) de acordo com ISBD

H268e   Hardy, Darren
         O Efeito Cumulativo: Alavanque sua Renda, sua Vida, seu Sucesso /
         Darren Hardy ; traduzido por Samantha Batista. - Rio de Janeiro : Alta Books,
         2020.
         176 p. ; 14cm x 21cm.

         ISBN: 978-85-508-1386-8

         1. Autoajuda. 2. Renda. 3. Sucesso. I. Batista, Samantha. II. Título.

2018-2013   CDD 158.1
                                                                    CDU 159.947

Elaborado por Vagner Rodolfo da Silva - CRB-8/9410

Rua Viúva Cláudio, 291 — Bairro Industrial do Jacaré
CEP: 20.970-031 — Rio de Janeiro (RJ)
Tels.: (21) 3278-8069 / 3278-8419
ALTA BOOKS   www.altabooks.com.br — altabooks@altabooks.com.br
EDITORA   www.facebook.com/altabooks — www.instagram.com/altabooks

Elogios para O Efeito Cumulativo

"Este livro prático e poderoso, baseado em anos de experiência comprovada e lucrativa, mostra como aproveitar seus talentos especiais para maximizar as oportunidades que o cercam. O Efeito Cumulativo *é um baú de tesouros de ideias para alcançar mais sucesso do que você achava possível!"*

— Brian Tracy, palestrante e autor de *The Way to Wealth*

"Uma fórmula brilhante para levar uma vida extraordinária. Leia, mas, o mais importante, aja!"

— Jack Canfield, coautor de *Os Princípios do Sucesso*

"Darren Hardy escreveu uma nova bíblia para o espaço do crescimento pessoal. Se você estiver buscando o que há de mais autêntico — um programa real com ferramentas reais que podem mudar a sua vida e transformar seus sonhos em realidade — encontrou O Efeito Cumulativo! *Planejo usar este livro para fazer uma retrospectiva e ver o que preciso trabalhar novamente em minha própria vida! Compre dez exemplares, um para si mesmo e outros nove para quem você ama e entregue-os imediatamente — as pessoas que ganharem o agradecerão!"*

— David Bach, fundador de FinishRich.com e autor de oito best-sellers do *New York Times*, incluindo *O Milionário Automático*

"Este livro possibilitará que você suba a escada do sucesso dois degraus de cada vez. Compre-o, leia-o e valorize-o."

— Jeffrey Gitomer, autor de *A Bíblia de Vendas* e *O Livro Vermelho de Vendas*

"Darren Hardy está na posição única de agregar o poder cerebral das pessoas de maior sucesso no mundo e resumi-lo no que realmente importa. Simples, direto e objetivo — esses são os princípios que guiaram minha vida e a de todos os outros principais líderes de negócios que conheço. Este livro lhe mostrará o caminho para chegar ao seu maior sucesso, à felicidade e à realização."

— Donny Deutsch, apresentador de TV e diretor da Deutsch, Inc.

"O Efeito Cumulativo é uma fórmula brilhante para alcançar a vida dos seus sonhos. Passo a passo, deixe que ele o guie. Leia-o e estude-o, mas o mais importante, coloque-o em ação!"

— Chris Widener, palestrante e autor de *The Art of Influence: Persuading others begins with you* e *The Twelve Pillars*

"*Darren Hardy comprova com* O Efeito Cumulativo *que o senso comum — quando aplicado — produz resultados incrivelmente incomuns. Siga esses simples passos e transforme-se em quem você deve ser!*"

— Denis Waitley, palestrante e autor de *The Psychology of Winning*

"*O Efeito Cumulativo o ajudará a ganhar da concorrência, não se deixar afetar pelos desafios e criar a vida que você merece!*"

— T. Harv Eker, autor do best-seller *Os Segredos da Mente Milionária*, nº 1 do *New York Times*

"*Einstein disse: 'Os juros compostos são a oitava maravilha do mundo.' Para acumular juros em seu sucesso, leia, apreenda, compreenda e use a genialidade do meu amigo Darren Hardy de forma completa para concretizar todos os seus sonhos, esperanças e desejos.*"

— Mark Victor Hansen, cocriador da série best-seller *Histórias para Aquecer o Coração*, nº 1 do *New York Times*, e coautor de *Milionário--Minuto*

"*Pessoas que falam de 'sucesso' mas não encontram meios de expressá-lo em suas vidas pessoais — seus relacionamentos, casamentos e famílias — não ganham meu respeito ou minha admiração. Na verdade, suas palavras parecem vazias. Desde que conhecemos Darren Hardy, nunca tivemos uma conversa em que não tenhamos falado sobre nossos filhos, nossas esposas e sobre como estão nossas famílias. Achamos que Darren sabe muito sobre alcançar o sucesso e, ainda mais importante, ele quer que as pessoas o alcancem pelas razões certas!*"

— Linda e Richard Eyre, autores do best-seller *Ensinando Valores a Seus Filhos*, nº 1 do *New York Times*

"*O Efeito Cumulativo de Darren Hardy é o ponto mais alto dos princípios do sucesso relevantes a qualquer um que necessite! Como inovador, ele tem feito contribuições significativas à nossa indústria. Este é um livro maravilhoso!*"

— Stedman Graham, autor, palestrante, empreendedor

"*De tempos em tempos, nós temos a oportunidade de saltar de onde estamos para onde sempre quisemos estar. Este livro é uma dessas oportunidades. E agora é a sua vez. Um trabalho esplêndido de um líder iluminado.*"

— Robin Sharma, autor dos best-sellers nº 1 *O Monge que Vendeu Sua Ferrari* e *O Líder Sem Status*

"*Eu passei a vida inteira ajudando pessoas a chegar ao ponto culminante para que possam ser bem-sucedidas e alcançar resultados instantâneos, e é por isso que adoro este livro e o recomendo a todos os meus clientes. Darren tem o dom incrível de compartilhar técnicas poderosas e transmiti-las de uma forma que possibilita economizar um tempo valioso e ir direto ao ponto de colocar sua fórmula para o sucesso imediatamente em ação.*"

— Connie Podesta, palestrante principal, autora e coach executiva

"*Se existe alguém que conheça as bases do sucesso, esse alguém é Darren Hardy, editor e diretor editorial da revista* SUCCESS! *Este livro trata do retorno e do foco no básico, no que realmente é preciso para conseguir ter sucesso. Faça de* O Efeito Cumulativo *seu manual de operações para a vida — um passo de cada vez!*"

— Dr. Tony Alessandra, autor de *The Platinum Rule* e *Charisma*

"*Com* O Efeito Cumulativo, *Darren Hardy entrou para os rankings dos melhores autores de crescimento pessoal! Se o sucesso e viver seu verdadeiro potencial são assuntos que você leva a sério, a leitura deste livro é obrigatória. Ele servirá como seu manual de operações para o sucesso.*"

— Vic Conant, presidente da Nightingale-Conant

"*A vida é rápida e tem muitas distrações. Se você quiser avançar efetivamente, não só leia este livro — estude-o com um marca-texto.*"

— Tony Jeary, coach dos melhores CEOs e empreendedores bem-sucedidos do mundo

"*A revista* SUCCESS *tem sido uma fonte de ideias poderosas desde o dia em que foi lançada, há mais de um século. Agora, Darren Hardy, seu líder no século XXI, concentrou os fundamentos essenciais dos quais você precisará para criar a vida que sempre imaginou. Você não deve apenas ler este livro — deve devorá-lo do início ao fim.*"

— Steve Farber, autor dos best-sellers *Liderança Radical* e *Melhor que Você Mesmo*

"*Este livro é leitura obrigatória para quem busca o sucesso. Você quer saber o que é preciso? Quer saber o que fazer? Está tudo aqui. Este é seu manual de operações para o sucesso.*"

— Keith Ferrazzi, autor best-seller nº 1 do *New York Times* dos livros *Círculo de Confiança* e *Nunca Almoce Sozinho*

"O Efeito Cumulativo *é um guia poderoso e amplo para o sucesso. Ele oferece uma estratégia completa para levá-lo de onde você está para onde quer estar. O nome Darren Hardy significa sucesso! Meu conselho é: leia este livro, faça o que precisa ser feito e alcance o sucesso.*"

— Jeffrey Hayzlett, autor de *The Mirror Test* e CMO da Kodak

"*Você pode usar o resto da sua vida para tentar descobrir como alcançar o sucesso ou pode seguir os princípios e métodos testados e comprovados deste livro. A escolha é sua: faça isso do jeito mais difícil... ou do jeito inteligente!*"

— John Assaraf, autor de *The Answer* e *Having It All*

"*Finalmente! Darren Hardy realizou algo incrível com este livro. É uma condensação magnífica dos fundamentos essenciais necessários para alcançar a vida que você sempre imaginou. Domine o básico contido aqui e você será o mestre do seu próprio futuro!*"

— Don Hutson, palestrante, coautor do best-seller *Empreendedor Minuto*, nº 1 do *New York Times*, e CEO da U.S. Learning

"*Sua vida será o resultado de cada passo que você der. Permita que este guia poderoso lhe mostre como fazer escolhas melhores, desenvolver hábitos melhores e ter pensamentos melhores. Seu sucesso está realmente em suas mãos... neste livro.*"

— Jim Cathcart, palestrante e autor de *The Acorn Principle*

"*Na Zappos, um de nossos valores centrais é Buscar Crescimento e Aprendizado. No saguão de nossa sede, temos uma biblioteca de doações em que doamos para funcionários e visitantes livros que achamos que poderão ajudá-los em seu crescimento pessoal e profissional. Mal posso esperar para incluir* O Efeito Cumulativo *na nossa biblioteca.*"

— Tony Hsieh, autor de *Satisfação Garantida* e CEO da Zappos

"*Se existe uma pessoa que está sempre atenta ao que há de novo sobre o sucesso, essa pessoa é Darren Hardy, editor e diretor editorial da revista* SUCCESS. *Sempre espero ansiosamente para ler o que ele tem a dizer. Ele é um ótimo condensador de grandes ideias.*"

— Larry Benet, presidente do Speakers and Authors Networking Group

Este livro é dedicado a:

Jerry Hardy, meu padrinho, meu pai: o homem que me ensinou os princípios do Efeito Cumulativo com seu exemplo.

E a Jim Rohn, meu mentor: o homem que me ensinou, dentre muitas coisas, a falar sobre coisas importantes para pessoas que se importam.

AVISO! Os títulos dos capítulos parecem simples. As estratégias para o sucesso não são mais um segredo, mas a maioria das pessoas as ignoram. Você acha que já conhece o segredo para o sucesso? Todo mundo acha. Mas as seis estratégias presentes neste livro, quando aplicadas em sequência, impulsionarão sua renda, sua vida — seu sucesso — como nunca.

Eu já vi de tudo como editor da revista *SUCCESS*. Nada funciona como o poder do **Efeito Cumulativo** de ações simples realizadas corretamente ao longo do tempo.

Isto é o que há de real sobre o que é necessário para alcançar um enorme sucesso em sua vida. Qualquer que seja seu sonho, desejo ou objetivo de vida, o plano para alcançá-lo pode ser encontrado no livro que você tem em mãos. Leia-o e permita-o chacoalhar suas estruturas.

SUMÁRIO

Agradecimentos	xiii
Mensagem Especial de Anthony Robbins	xv
Introdução	1
Capítulo 1: O Efeito Cumulativo em Ação	5
Capítulo 2: Escolhas	23
Capítulo 3: Hábitos	53
Capítulo 4: Impulso	87
Capítulo 5: Influências	111
Capítulo 6: Aceleração	131
Conclusão	147
Guia de Recursos	151

AGRADECIMENTOS

Ofereço meu apreço e gratidão à minha equipe da SUCCESS Media e da revista *SUCCESS*, que me apoiou ao longo desse trabalho de muito sangue, suor e quase lágrimas, especialmente meus bons amigos e colegas Reed Bilbray e Stuart Johnson...

Para minha musa da escrita e colaboradora, Linda Sivertsen, que ajudou a resgatar histórias e referências do meu passado e dar ordem e coerência ao meu processo...

Às habilidades de edição de Erin Casey, ao eterno toque de genialidade de nossa editora da revista *SUCCESS* Lisa Ocker e à nossa editora-chefe, Deborah Heisz...

Aos vários brilhantes especialistas em desenvolvimento pessoal com quem trabalhei e aprendi nas últimas duas décadas — todos os CEOs, empreendedores revolucionários e realizadores extraordinários a quem tive a oportunidade de entrevistar e de quem pude obter novos insights, ideias e conhecimentos...

A todos os leitores da revista *SUCCESS*, do meu blog e de meus outros trabalhos, cujos feedbacks entusiasmados e engrandecedores me inspiram a querer continuar a busca do meu maior potencial para poder melhor ajudar outras pessoas a encontrarem o delas...

E, finalmente, e mais importante, à minha linda e maravilhosa esposa, Georgia, que sacrificou muitas noites e finais de semana sem mim enquanto eu trabalhava para finalizar este livro.

Não importa o que você aprenda,
qual estratégia ou tática empregue,
o sucesso vem como resultado
do Efeito Cumulativo.

MENSAGEM ESPECIAL DE ANTHONY ROBBINS

Durante as últimas três décadas, tive o privilégio de ajudar mais de quatro milhões de pessoas a progredir na vida. Trabalhei com um grupo imensamente diverso de pessoas — de presidentes de países a prisioneiros, atletas olímpicos e vencedores do Oscar, de empreendedores bilionários a aqueles que ainda lutam para abrir o negócio próprio. Estivesse eu trabalhando com um casal que lutava para manter a família reunida ou com um prisioneiro em busca de uma maneira de mudar sua vida de dentro para fora, meu foco sempre foi ajudar pessoas a alcançar resultados reais e *sustentáveis*. Isso não é possível com uma pílula mágica ou uma fórmula secreta, *apenas* por meio da compreensão da ciência, das estratégias e das ferramentas reais por trás do que é necessário para quebrar os padrões que derrotam tantas pessoas e alcançar uma vida significativa.

Darren e eu tomamos a decisão de assumir o controle de nossas vidas muito cedo. Procuramos respostas entrando em contato com pessoas que viviam o tipo de vida que queríamos ter. Então, aplicamos o que aprendemos. Não é de se surpreender que ambos citamos Jim Rohn como mentor. Jim foi um mestre em ajudar pessoas a compreender as verdades, as leis e as práticas que levam ao sucesso real e duradouro. Ele nos ensinou que a realização não é uma questão de sorte; é, na verdade, uma ciência. Claro, todos somos diferentes, mas as mesmas regras do sucesso sempre se aplicam. Você colhe o que planta; não dá pra obter nada da vida se não estiver disposto a investir nela. Se quiser mais amor, dê mais amor. Se quiser mais sucesso, ajude os outros a realizar mais. E quando estudar e dominar a ciência da realização, você encontrará o sucesso que deseja.

Darren Hardy é a prova viva dessa filosofia. Ele faz o que diz. O conhecimento compartilhado neste livro é baseado no que funcionou na vida dele — e na minha também.

Esse é um cara que pegou os fundamentos simples, mas profundos, do que é preciso para ser bem-sucedido e os utilizou para ganhar mais de US$1 milhão por ano aos 24 anos e construir uma empresa de mais de US$50 milhões aos 27 anos. Nas últimas duas décadas, sua vida tem sido um laboratório pessoal de estudos e pesquisas sobre o sucesso. Ele utilizou a si mesmo como cobaia, testando milhares de ideias, recursos e ferramentas diferentes e descobriu, por meio de seus fracassos e triunfos, quais ideias e estratégias têm mérito e quais são apenas baboseira.

Por 16 anos, a minha trajetória cruzou com a de Darren, que, como líder na indústria do desenvolvimento pessoal, trabalhou de perto com centenas dos principais escritores, palestrantes e inovadores. Treinou dezenas de milhares de empreendedores, aconselhou muitas grandes empresas e foi mentor pessoal de dezenas dos principais CEOs e empreendedores de alta performance, extraindo deles o que realmente importa e o que realmente funciona ou não. Em seu cargo de editor da revista *SUCCESS*, Darren se posiciona no centro da indústria do desenvolvimento pessoal. Entrevistou os principais líderes, de Richard Branson ao General Colin Powell e Lance Armstrong, sobre uma grande variedade de tópicos a respeito do sucesso e examinou a fundo suas melhores ideias, compilando todas elas — até mesmo algumas das minhas. Ele é uma arrebatadora enciclopédia de informações sobre realização pessoal que classifica, filtra, compila, analisa, resume, categoriza e especifica. Darren acabou com a bagunça e se concentrou nos fundamentos centrais mais importantes — aqueles que você pode implementar imediatamente na *sua* vida para produzir resultados mensuráveis e sustentáveis.

MENSAGEM ESPECIAL DE ANTHONY ROBBINS   xvii

O Efeito Cumulativo é o manual de operações que lhe ensina a ter seu próprio sistema, controlá-lo, dominá-lo e moldá-lo de acordo com suas necessidades e desejos. Uma vez que fizer isso, não haverá nada que não possa obter ou alcançar.

O Efeito Cumulativo é baseado em um princípio que utilizei em minha própria vida e treinamento; isto é, suas decisões moldam seu destino. O futuro é o que você faz dele. Pequenas decisões do dia a dia poderão levá-lo à vida que deseja ou, sem querer, ao desastre. Na verdade, são as pequenas decisões que moldam nossas vidas. Saia apenas dois milímetros do caminho e sua trajetória muda; o que parecia uma decisão minúscula e irrelevante pode se transformar agora em um erro de cálculo gigantesco. Desde o que comer e onde trabalhar até às pessoas com quem passa seu tempo, como você gasta sua tarde, toda escolha molda seu estilo de vida hoje e, mais importante, como viverá pelo resto da vida. Mas a boa notícia é que a mudança está dentro de você. Da mesma forma que um erro de cálculo de dois milímetros pode mandá-lo para longe de sua jornada de vida, um reajuste de meros dois milímetros também pode levá-lo de volta para casa. O truque é encontrar o plano, o guia, o mapa que mostra onde a casa está. Como chegar lá. Como permanecer na rota.

Este livro *é* esse plano de ação detalhado e tangível. Permita-o chacoalhar suas expectativas, eliminar suas suposições, incendiar sua curiosidade e levar valor à sua vida — a partir de *agora*. Aproveite esta ferramenta. Use-a como guia para criar a vida e o sucesso que deseja. Se fizer isso, e todas as outras coisas certas — e continuar realizando-as todos os dias —, tenho certeza de que você experimentará o melhor que a vida tem para oferecer.

Viva com entusiasmo!

Anthony Robbins
Empreendedor, autor e estrategista de alta performance

INTRODUÇÃO

Este livro fala de sucesso e do que é realmente necessário para consegui-lo. Está na hora de alguém ser franco: você já foi enrolado por tempo demais. Não existe uma pílula mágica, uma fórmula secreta ou uma solução instantânea. Não há como ganhar US$200 mil por ano passando duas horas por dia na internet, perder 13kg em uma semana ou parecer 20 anos mais novo com um creme, consertar sua vida amorosa com uma poção mágica ou conseguir sucesso duradouro com qualquer esquema que pareça bom demais para ser verdade. Seria ótimo se pudéssemos comprar sucesso, fama, autoestima, bons relacionamentos, saúde e bem-estar em um pacote fechado no supermercado local. Mas não é assim que as coisas funcionam.

Somos bombardeados constantemente com cada vez mais alegações sensacionalistas para ficar rico, em forma, mais novo, mais sexy... tudo da noite para o dia com o mínimo de esforço e por apenas três parcelas de R$39,95. Essas mensagens repetitivas de marketing distorceram nossa percepção do que realmente é necessário para se ter sucesso. Perdemos a noção dos fundamentos simples, mas profundos, do que é preciso para ser bem-sucedido.

Estou cansado disso. Não ficarei mais de pernas para o ar enquanto essas mensagens inconsequentes tiram as pessoas do caminho certo. Escrevi este livro para que você volte ao básico. Vou ajudá-lo a organizar a bagunça e enfocar os principais fundamentos importantes. Você pode implementar imediatamente em *sua* vida os exercícios e princípios de sucesso comprovados contidos neste livro para produzir resultados mensuráveis e sustentáveis. Vou ensiná-lo a aproveitar o poder do Efeito Cumulativo, o siste-

2 O EFEITO CUMULATIVO

ma operacional que tem direcionado sua vida, seja para o melhor ou para o pior. Use esse sistema a seu favor e realmente será capaz de revolucionar a sua vida. Você já ouviu falar que pode alcançar tudo o que quiser, certo? Bem, isso só acontece se souber como. *O Efeito Cumulativo* é o manual de instruções que lhe ensina a dominar o sistema. Quando dominá-lo, não haverá mais nada impossível de obter ou alcançar.

Como eu sei que o Efeito Cumulativo é o único processo necessário para o sucesso extremo? Primeiro, tenho aplicado esses princípios à minha própria vida. Olha, eu detesto quando autores batem no peito para falar de sua fama e fortuna, mas é importante que você saiba que estou falando por experiência própria — estou oferecendo a prova viva, não uma teoria repetida. Como Anthony Robbins mencionou, tenho obtido sucesso significativo em meus empreendimentos comerciais porque me propus a viver de acordo com os princípios que você aprenderá neste livro. Nos últimos 20 anos, tenho estudado intensamente o sucesso e a realização humana. Gastei centenas de milhares de dólares testando várias ideias, recursos e filosofias diferentes. Minha experiência pessoal provou que, independentemente do que você aprenda ou qual estratégia ou tática empregue, o sucesso vem como o resultado do sistema operacional do Efeito Cumulativo.

Em segundo lugar, nos últimos 16 anos tenho liderado a indústria do desenvolvimento pessoal. Trabalhei com inovadores, palestrantes e autores admirados. Como palestrante e consultor, treinei dezenas de milhares de empreendedores. Fui mentor de líderes de negócios, executivos empresariais e inúmeros empreendedores bem-sucedidos. Extraí o que funciona — e o que não funciona — de milhares de casos de estudo.

Em terceiro, como editor da revista *SUCCESS*, examino milhares de submissões de artigos e livros, ajudo a escolher os especialistas apresentados na revista e reviso todo o material. Todos

INTRODUÇÃO 3

os meses entrevisto meia dúzia dos melhores especialistas sobre uma variedade de tópicos sobre o sucesso e examino a fundo as melhores ideias. O dia todo, todos os dias, leio e filtro um oceano de informações sobre realização pessoal.

Meu ponto é o seguinte: quando temos uma visão ampla dessa indústria, e sabedoria obtida por meio do estudo dos ensinamentos e das melhores práticas de algumas das pessoas mais bem-sucedidas do mundo, as verdades fundamentais subjacentes ficam incrivelmente claras. Tendo visto, lido e ouvido a maioria delas, não sou mais enganado pelo estratagema mais recente ou pelo profeta autodeclarado com o mais novo "avanço científico". Ninguém consegue me vender truques. Tenho referências demais. Passei por coisas demais e aprendi a verdade da maneira mais difícil. Como disse meu mentor, o grande filósofo de negócios Jim Rohn: "Não existem novos fundamentos. A verdade não é nova; é antiga. Você precisa desconfiar do cara que diz: 'Venha cá, quero lhe mostrar minhas antiguidades fabricadas!' Não, não dá para fabricar antiguidades."

O assunto deste livro, tirando todo o blá-blá-blá, o excesso e as banalidades, é o que realmente importa. O que funciona de verdade? Qual é a meia dúzia de fundamentos que, quando focalizados e dominados, constitui o sistema operacional que pode levá-lo a qualquer meta desejada e ajudá-lo a viver a vida à qual está destinado? Este livro contém essa meia dúzia de fundamentos; eles englobam o sistema operacional chamado de *O Efeito Cumulativo*.

Antes de mergulharmos de cabeça, tenho um aviso: não é fácil ter sucesso. O processo é trabalhoso, tedioso e até chato de vez em quando. Tornar-se rico, influente e renomado em seu campo é um caminho lento e árduo. Não me leve a mal; você verá resultados em sua vida quase imediatamente ao seguir estes passos. Mas se tiver aversão ao trabalho, à disciplina e ao comprometimento, fique à vontade para religar a TV e colocar suas esperanças no próximo infomercial — aquele que divulga promessas de sucesso da noite para o dia se você tiver acesso a um dos principais cartões de crédito.

O ponto principal é: você já sabe de tudo o que precisa para ter sucesso. Não precisa aprender mais nada. Se só precisássemos de mais informação, todos que tivessem acesso à internet viveriam em uma mansão, teriam uma barriga tanquinho e seriam extasiadamente alegres. Você *não* precisa de mais ou de novas informações — precisa de um novo plano de *ação*. É hora de criar novos hábitos e comportamentos orientados em direção ao sucesso e longe da sabotagem. É simples assim.

No decorrer do livro, menciono os recursos que estão disponíveis no site www.altabooks.com, basta procurar pelo título do livro. Por favor, acesse o site! Use os recursos! Este livro e as ferramentas de suporte que forneço oferecem o melhor de tudo o que ouvi, vi, estudei e experimentei. É o melhor do que trazemos todos os meses na revista *SUCCESS*, tudo em um pequeno livro que mudará sua vida. E *é* simples!

Vamos começar!

CAPÍTULO 1

O EFEITO CUMULATIVO EM AÇÃO

Você conhece aquela expressão que diz: "De grão em grão a galinha enche o papo"? Já ouviu a história da lebre e da tartaruga? Senhoras e senhores, eu sou a tartaruga. Se me derem tempo suficiente, posso vencer praticamente qualquer um a qualquer momento em qualquer competição. Por quê? Não por ser o melhor, o mais inteligente ou o mais rápido. Venço devido aos hábitos positivos que desenvolvi e por causa da consistência que uso ao aplicá-los. Sou a pessoa que mais acredita em consistência no mundo todo. Sou prova viva de que ela é o principal segredo para o sucesso, e ainda é uma das maiores armadilhas para as pessoas que têm dificuldades em alcançá-lo. A maioria não sabe como sustentar o sucesso. Eu sei. E posso agradecer ao meu pai por isso. Basicamente, ele foi meu primeiro treinador ao impulsionar o poder do Efeito Cumulativo.

Meus pais se divorciaram quando eu tinha 18 meses, e meu pai me criou como pai solteiro. Ele não era exatamente muito afável e carinhoso. Era um ex-treinador de futebol americano e me criou para conquistar.

Graças a Papai, acordávamos todas as manhãs às 6h em ponto. Não com uma batidinha carinhosa no ombro ou mesmo com uma música suave no rádio. Não, todas as manhãs eu era acordado pelo som repetitivo do ferro batendo contra o chão de concreto da nossa garagem, que ficava ao lado do meu quarto. Era como acordar a 3,5 metros de uma obra. Ele pintou uma enorme frase "No pain, no gain" [o equivalente a "não se consegue nada sem trabalho duro"] na parede da garagem, para a qual olhava enquanto fazia incontáveis levantamentos terra no estilo strongman, arremessos simplificados, avanços e agachamentos. Fizesse chuva ou sol, lá estava Papai em seus shorts e regata esfarrapada. Ele nunca perdia um dia. Era possível sincronizar o relógio com sua rotina.

Eu tinha mais afazeres domésticos do que uma diarista e um jardineiro juntos. Ao voltar da escola, sempre havia uma lista de instruções para me receber: tirar as ervas daninhas, varrer as folhas, varrer a garagem, tirar o pó, passar aspirador, lavar a louça — você escolhe. E não conseguir acompanhar os estudos era algo intolerável. As coisas eram assim.

Papai era o autêntico cara "sem desculpas". Nunca tínhamos permissão de faltar aula quando estávamos doentes, a não ser que realmente estivéssemos vomitando, sangrando ou com "um osso à mostra". O termo "com um osso à mostra" vinha de sua época como treinador; seus jogadores sabiam que não podiam desistir do jogo a não ser que tivessem uma lesão realmente séria. Um dia, seu quarterback pediu para sair do jogo. Papai disse: "Só se você estiver com um osso à mostra." O quarterback afastou as ombreiras e, sem dúvidas, sua clavícula estava exposta. Só assim ele teve permissão de sair do campo.

Uma das principais filosofias de Papai era: "Não importa o quanto você é ou não inteligente, você precisa compensar em trabalho duro o que lhe falta de experiência, habilidade, inteligência ou capacidade inata. Se seu concorrente for mais inteligente, mais talentoso ou mais experiente, basta trabalhar três ou quatro vezes mais. Você ainda pode vencê-lo!" Não importa qual seja o desafio, ele me ensinou a compensar em trabalho duro tudo o que eu tivesse de desvantagem. Errou os lances livres em um jogo de basquete? Faça mil lances livres todos os dias por um mês. Não é muito bom no drible com a mão esquerda? Amarre a mão direita nas costas e pratique o drible por três horas todos os dias. Está com dificuldades em matemática? Prepare-se, contrate um tutor e estude o verão inteiro até aprender. Sem desculpas. Se você não for bom em alguma coisa, trabalhe mais, com mais inteligência. Ele também fazia o que pregava. Papai passou de treinador de futebol americano a um ótimo vendedor. Depois, tornou-se chefe e, por fim, abriu sua própria empresa.

Mas eu não recebi tanta instrução assim. Desde o início, Papai nos deixava compreender as coisas. Ele sempre foi de usar o princípio da responsabilidade pessoal. Não ficava todas as noites martelando em nossas cabeças, falando de afazeres domésticos; só tínhamos que lhe dar resultados. E, quando o fazíamos, éramos celebrados. Se tirássemos boas notas, Papai nos levava ao Prings, uma sorveteria onde era possível comprar uma banana split gigantesca — seis bolas de sorvete e todas as coberturas! Muitas vezes meus irmãos não se saíam tão bem na escola, então não podiam ir. Era muito importante ir à sorveteria, então estudávamos muito para ganhar o passeio.

A disciplina de Papai me servia de exemplo. Ele era meu ídolo e eu queria que se orgulhasse de mim. Eu também vivia com medo de decepcioná-lo. Uma de suas filosofias é: "Seja o cara que diz 'não'. Não é uma boa coisa seguir a multidão. Seja o cara diferente, o cara extraordinário." Foi por isso que nunca usei drogas — ele nunca me passou um sermão sobre isso, mas eu não queria ser aquele cara que fazia as coisas só porque todo mundo estava fazendo. E não queria decepcionar Papai.

Graças a ele, aos 12 anos eu tinha um cronograma louvável como o do CEO mais eficiente. Às vezes eu reclamava e resmungava (eu era só uma criança!), mas mesmo assim gostava secretamente de ter certa superioridade sobre meus colegas de classe. Papai me deu uma vantagem enorme sobre a disciplina e a mentalidade necessária para ser dedicado e responsável, e assim alcançar tudo o que eu quisesse. (Não é coincidência o slogan da revista *SUCCESS* ser "A Leitura das Pessoas de Sucesso".)

Hoje, Papai e eu brincamos sobre como ele me treinou para ser uma pessoa viciada em superar expectativas. Aos 18 anos eu ganhava uma renda de 6 dígitos em meu próprio negócio. Aos 20, já tinha minha casa própria em uma vizinhança luxuosa. Com 24, minha renda subiu para mais de US$1 milhão por ano e aos 27 eu já era oficialmente um milionário por meu próprio esforço com um negócio que me rendia mais de US$50 milhões. Isso nos traz ao presente, porque ainda não tenho 40 anos, mas tenho dinheiro e bens suficientes para manter minha família pelo resto da vida.

"Há muitas maneiras de estragar uma criança", diz Papai. "Pelo menos o meu foi um jeito muito bom! Você parece ter se saído muito bem."

Então, enquanto admito ter precisado *praticar* não fazer nada e estar presente no momento, ou relaxar em paz em uma cadeira de praia de vez em quando (sem levar uma pilha de livros de negócios ou CDs de crescimento pessoal comigo), sou grato pelas habilidades de sucesso que aprendi com meu pai e meus outros mentores no decorrer do tempo.

O Efeito Cumulativo revela o "segredo" por trás do meu sucesso. Creio verdadeiramente no Efeito Cumulativo porque Papai se certificou de que eu o vivesse todos os dias, até que não conseguisse viver de outra forma mesmo se tentasse.

Mas se você for como a maioria das pessoas, não acredita verdadeiramente nessa ideia. Há muitas razões perfeitamente compreensíveis para isso. Você não teve o mesmo treinamento e exemplo mostrando o que fazer. Não experimentou a recompensa do Efeito Cumulativo. Como sociedade, fomos enganados. Fomos hipnotizados pelo marketing comercial que nos convence de problemas que não temos e nos vende a ideia de "curas" instantâneas. Fomos socializados para acreditar nos finais de contos de fadas encontrados em filmes e romances. Perdemos de vista o bom e velho valor do trabalho duro e consistente.

Vamos examinar essas barreiras uma por uma.

Você Não Experimentou a Recompensa do Efeito Cumulativo

O Efeito Cumulativo é o princípio de colher grandes recompensas de uma série de pequenas escolhas inteligentes. O mais interessante nesse processo para mim é que, embora os resultados sejam enormes, os passos, no momento, não *parecem* significantes. Esteja você usando essa estratégia para melhorar sua saúde, seus relacionamentos, suas finanças ou qualquer outra coisa, as mudanças são tão sutis que chegam a ser quase imperceptíveis. Essas pequenas mudanças oferecem pouco resultado imediato, quando há algum, nenhuma grande vitória, nenhuma recompensa óbvia. Sendo assim, para que se incomodar?

A maioria das pessoas se engana com a simplicidade do Efeito Cumulativo. Por exemplo, elas desistem depois do oitavo dia de corrida porque ainda estão acima do peso. Ou param de praticar piano depois de seis meses porque não dominaram nada além de "Chopsticks". Ou param de fazer contribuições ao imposto de renda depois de alguns anos porque poderiam aproveitar o dinheiro — que nem parecia estar acumulando muito, de qualquer forma.

10   O EFEITO CUMULATIVO

O que elas não percebem é que esses pequenos passos aparentemente insignificantes concluídos consistentemente ao longo do tempo criarão uma diferença radical. Deixe-me dar alguns exemplos detalhados.

**Pequenas Escolhas Inteligentes + Consistência + Tempo
= DIFERENÇA RADICAL**

O Centavo Mágico

Se você tivesse que escolher entre pegar R$3 milhões em dinheiro imediatamente ou um único centavo que dobrasse de valor todos os dias por 31 dias, qual você escolheria? Se já ouviu isso antes, sabe que a escolha certa é o centavo — esse é o caminho que o levará para uma riqueza maior. Ainda assim, por que é tão difícil acreditar que o centavo resultará em mais dinheiro no final? *Porque demora muito mais tempo para ver a recompensa.* Vamos olhar mais detalhadamente.

Digamos que você pegue o dinheiro vivo e seu amigo pegue o centavo. No Dia 5, ele terá 16 centavos. Você, no entanto, tem R$3 milhões. No Dia 10, serão R$5,12, em comparação à sua riqueza. Como acha que ele está se sentindo com essa decisão? Você está gastando seus milhões, aproveitando ao máximo e amando sua escolha.

Depois de 20 dias completos, com apenas 11 dias restantes, Centavinho tem somente R$5.243. Como ele se sente a essa altura? Por todo seu sacrifício e comportamento positivo, recebeu pouco mais de R$5 mil. Você, no entanto, tem R$3 milhões. Então a mágica invisível do Efeito Cumulativo começa a ficar visível. O mesmo pequeno acréscimo matemático de cada dia faz o centavo com juros compostos valer R$10.737.418,24 no Dia 31, mais de 3 vezes a sua quantia.

O EFEITO CUMULATIVO EM AÇÃO **11**

Nesse exemplo, vemos por que a consistência é importante ao longo do tempo. No Dia 29 você tem seus R$3 milhões; Centavinho chegou aos R$2,7 milhões. Somente no Dia 30 dessa corrida de 31 dias é que ele o ultrapassa, com R$5,3 milhões. E é apenas no *último dia* dessa ultramaratona de um mês que seu amigo acaba com você; ele a termina com R$10.737.418,24, em comparação aos seus R$3 milhões.

Pouquíssimas coisas são tão impressionantes quanto a "mágica" dos centavos com juros compostos. Incrivelmente, essa "força" é igualmente poderosa em todas as áreas de sua vida.

Vejamos outro exemplo...

Três Amigos

Vamos pegar como exemplo três amigos que cresceram juntos. Vivem na mesma vizinhança, com sensibilidades muito similares. Cada um ganha cerca de R$50 mil por ano. Todos são casados e têm uma saúde e peso corporal medianos, e mais um pouco daquela temida "gordurinha de casado".

O amigo número um, vamos chamá-lo de Larry, se arrasta como sempre fez. É feliz, ou acha que é, mas reclama de vez em quando que nada muda.

O amigo número dois, Scott, começa a fazer algumas mudanças pequenas e positivas, aparentemente irrelevantes. Ele começa a ler 10 páginas de um bom livro por dia e a ouvir 30 minutos de algo educativo ou inspirador em sua ida ao trabalho. Scott quer ver mudanças em sua vida, mas não quer fazer muita cerimônia. Leu recentemente uma entrevista com o Dr. Mehmet Oz na revista *SUCCESS* e escolheu uma ideia do artigo para implementar em sua vida: ele cortará 125 calorias de sua alimentação todos os dias. Nada demais. Estamos falando de mais ou menos uma xícara a menos de cereal, trocar aquela lata de refrigerante por uma

12   O EFEITO CUMULATIVO

garrafa de água com gás, substituir a maionese por mostarda no sanduíche. Algo possível. Ele também começou a caminhar mil passos a mais por dia (menos de 2km). Nenhum ato de bravura ou esforço. Coisas que qualquer um pode fazer. Mas Scott está determinado a manter essas escolhas, sabendo que, mesmo simples, ele poderia facilmente ficar tentado a abandoná-las.

O amigo número três, Brad, fez algumas escolhas ruins. Ele comprou recentemente uma TV de tela grande para poder assistir mais de seus programas favoritos. Tem experimentado fazer as receitas que viu no canal culinário — os guisados com queijo e as sobremesas são seus favoritos. Ah, e ele instalou um bar na sala e adicionou uma bebida alcoólica por semana à sua rotina alimentar. Nada em excesso; Brad só quer se divertir um pouco mais.

No final de cinco meses, não existe nenhuma diferença perceptível entre Larry, Scott ou Brad. Scott continua a ler um pouco todas as noites e a ouvir coisas durante sua ida ao trabalho; Brad está "aproveitando" a vida e fazendo menos coisas. Larry continua como sempre. Embora cada homem tenha seu próprio padrão de comportamento, cinco meses não é o bastante para ver qualquer declínio ou melhoria real em suas situações. Na verdade, se você colocasse o peso dos três homens em um gráfico, veria um erro de arredondamento de zero. Eles pareceriam exatamente iguais.

Ao final de 10 meses, ainda não conseguimos ver mudanças notáveis em suas vidas. É apenas no fim do 18º mês que as mais leves diferenças são mensuráveis na aparência desses três amigos.

Mas por volta do mês 25 começamos a ver diferenças perceptíveis realmente mensuráveis. No mês 27, vemos uma diferença grande. E no mês 31, a diferença é impressionante. Brad agora está gordo, enquanto Scott está esbelto. Simplesmente cortando 125 calorias por dia, em 31 meses Scott perdeu mais de 16kg!

31 meses = 940 dias

940 dias x 125 calorias/dia = 117.500 calorias

117.500 calorias divididas por 7.000 calorias por quilo = 16,79kg!

Brad ingeriu apenas 125 calorias a mais por dia nesse mesmo período e ganhou 16,79kg. Agora ele pesa 33,5kg a mais que Scott! Mas as diferenças são mais significativas do que o peso. Scott investiu quase mil horas lendo bons livros e ouvindo conteúdo de crescimento pessoal; ao colocar seus conhecimentos recém-adquiridos em prática, conseguiu uma promoção e um aumento. E o melhor de tudo, seu casamento está prosperando. Brad? Está infeliz no trabalho e seu casamento está com problemas. E Larry? Ele está praticamente do mesmo jeito que estava há 2 anos, só que um pouco mais amargo em relação a isso.

O poder fenomenal do Efeito Cumulativo é que ele é simples. A diferença entre as pessoas que o empregam a favor de si mesmas e seus amigos que permitem que o mesmo efeito trabalhe contra eles é quase inconcebível. Parece um milagre! É como mágica ou saltos quânticos. Depois de 31 meses (ou 31 anos), a pessoa que usa a natureza positiva do Efeito Cumulativo parece ter tido "sucesso da noite para o dia". Na verdade, seu profundo sucesso foi resultado de pequenas escolhas inteligentes completadas consistentemente ao longo do tempo.

O Efeito Dominó

Os resultados no exemplo anterior parecem drásticos, eu sei. Mas são ainda maiores do que isso. A realidade é que mesmo uma pequena mudança pode ter um impacto significativo que causa um efeito dominó inesperado e não intencional. Vamos examinar

14 O EFEITO CUMULATIVO

melhor um dos hábitos ruins de Brad — a ingestão de alimentos calóricos com mais frequência — para entender melhor como o Efeito Cumulativo também pode trabalhar de maneira negativa e criar um efeito dominó que afeta sua vida inteira.

Brad fez alguns muffins de uma receita que aprendeu no canal culinário. Está orgulhoso e sua família adora, e parece que ele é valorizado em todas as áreas. Então, começa a fazê-los (além de outros doces) com frequência. Ele adora sua própria comida e come mais do que deveria — mas não tanto a ponto de os outros perceberem. No entanto, a comida extra deixa Brad letárgico à noite. Ele acorda meio grogue, o que o deixa irritado. A irritação e a falta de sono começam a afetar seu desempenho no trabalho. Ele fica menos produtivo e, como resultado, obtém feedbacks desencorajadores de seu chefe. No fim do dia, ele se sente insatisfeito com seu trabalho e seu nível de energia está muito baixo. A volta para casa parece mais longa e estressante do que nunca. Tudo isso o faz buscar mais comidas reconfortantes — o estresse faz isso.

A falta de energia geral faz com que Brad seja menos propenso a passear com sua esposa como fazia antes. Ele não tem mais vontade. Ela sente falta de seu tempo juntos e leva esse afastamento para o lado pessoal. Com menos atividades compartilhadas com a esposa e uma ausência de ar fresco e exercícios, Brad não tem a liberação de endorfina que o ajudava a ser otimista e entusiasmado. Como não está tão feliz, ele começa a achar falhas em si mesmo e nos outros, e para de elogiar sua esposa. À medida que seu corpo começa a ficar flácido, ele se sente menos confiante, atraente e romântico.

Brad não percebe o quanto sua falta de energia e carinho em relação à esposa a afeta. Ele só sabe que está se sentindo mal. Começa a se perder em programas de TV na madrugada porque é fácil e eles o distraem. Percebendo seu distanciamento, a esposa de Brad começa a reclamar e, então, fica carente. Quando isso não funciona, ela se afasta emocionalmente para se proteger. Sente-se solitária, coloca a energia no trabalho e passa mais tempo com as amigas para satisfazer a necessidade de companhia. Os homens começam a flertar com ela, o que a faz se sentir desejada novamente. Ela nunca trairia Brad, mas ele tem a sensação de que há algo de errado. Em vez de ver que as escolhas ruins e os comportamentos *dele* são a raiz de seus problemas, ele põe a culpa na esposa.

Acreditar que a *outra* pessoa está errada em vez de olhar para dentro de si e fazer o trabalho necessário para limpar sua própria bagunça é coisa de psicologia básica. No caso de Brad, ele não sabe olhar para dentro de si mesmo — ninguém oferece crescimento pessoal ou conselhos de relacionamentos no *Top Chef* ou nos programas policiais. Contudo, ele pode ter pensado que, se tivesse lido os livros de desenvolvimento pessoal que seu amigo Scott leu, poderia ter aprendido maneiras de mudar seus hábitos negativos. Para o azar de Brad, as pequenas escolhas que ele fez diariamente criaram um efeito dominó que causou estragos em todas as áreas de sua vida.

É claro que toda essa contagem de calorias e estímulo intelectual teve o efeito oposto em Scott, que agora está colhendo as recompensas em forma de resultados positivos. Em *The Slight Edge* ["A Leve Vantagem", em tradução livre], Jeff Olson (outro protegido de Jim Rohn) descreve isso como a repetição diária de disciplinas simples versus erros simples de julgamento. É simples assim. Com tempo e consistência suficientes, os resultados ficam visíveis. E, ainda melhor, são totalmente previsíveis.

O Efeito Cumulativo é previsível e mensurável — isso é uma ótima notícia! Não é reconfortante saber que você só precisa dar uma série de pequenos passos consistentemente ao longo do tempo para melhorar sua vida radicalmente? Isso não soa mais fácil do que exibir um grande espetáculo de bravura e força heroica apenas para ficar exausto e ter que despertar toda essa energia novamente mais tarde para uma nova tentativa (que provavelmente também não terá sucesso)? Eu fico cansado só de pensar. Mas é isso que as pessoas fazem. Fomos condicionados pela sociedade a acreditar na eficácia de uma grande exibição de esforço. Isso é algo totalmente norte-americano! Veja a Figura 1.

Fig. 1

A beleza do Efeito Composto está em sua simplicidade. Note como, do lado esquerdo do diagrama, os resultados são intangíveis, mas o quanto estão diferentes mais para frente. Os comportamentos no decorrer do tempo são exatamente os mesmos, mas a mágica do Efeito Composto acaba entrando em ação e trazendo diferenças gigantescas nos resultados.

Sucesso à Moda Antiga

O aspecto mais desafiador do Efeito Cumulativo é que precisamos continuar trabalhando nele por um tempo, consistente e eficientemente, antes de começarmos a ver as recompensas. Nossos avós sabiam disso, embora não passassem suas noites grudados na TV assistindo a infomerciais sobre como ter coxas torneadas em 30 dias ou um reino imobiliário em 6 meses. Aposto que seus avós trabalhavam 6 dias por semana, do nascer ao pôr do sol, usando as habilidades que aprenderam na juventude e repetiram ao longo da vida toda. Eles sabiam que o segredo era o trabalho duro, a disciplina e os bons hábitos.

É interessante que a riqueza costume pular uma geração. Uma abundância esmagadora normalmente leva a uma mentalidade apática, que causa um estilo de vida sedentário. Filhos de pais abastados são especialmente suscetíveis. Não foram eles que desenvolveram a disciplina e o caráter de criar a riqueza em primeiro lugar, então faz sentido que não tenham a mesma noção de valor em relação à riqueza ou entendam o que é necessário para mantê-la. Vemos essa mentalidade de pessoa privilegiada com frequência em filhos da realeza, estrelas de cinema e executivos corporativos — e em menor grau em crianças e adultos do mundo todo.

Como nação, toda a população norte-americana parece ter perdido o apreço pelo valor de uma forte ética de trabalho. Tivemos duas, se não três, gerações de norte-americanos que conheceram grande prosperidade, riqueza e facilidade. Nossas expectativas do que realmente é necessário para criar um sucesso duradouro — coisas como determinação, trabalho duro e coragem — não são atraentes, e assim foram praticamente esquecidas. Perdemos o respeito pela briga e luta de nossos antepassados. O enorme esforço que eles propuseram instilou a disciplina, esculpiu seu caráter e alimentou o espírito para desafiar novas fronteiras.

18 O EFEITO CUMULATIVO

A verdade é que a condescendência afetou grandes impérios, incluindo, mas não limitado a, os egípcios, os gregos, os romanos, os espanhóis, os portugueses, os franceses e os ingleses. Por quê? Porque nada falha como o sucesso. Impérios que já foram dominantes fracassaram exatamente por isso. As pessoas atingem um certo nível de sucesso e ficam confortáveis demais.

Experimentar períodos extensos de prosperidade, saúde e riqueza nos torna complacentes. Paramos de fazer o que nos fez chegar a esse ponto. Transformamo-nos no sapo na água fervente que não pula em busca da liberdade porque o aquecimento é tão lento e traiçoeiro que ele não nota que está sendo cozido!

Se quisermos ter sucesso, precisamos recuperar a ética de trabalho de nossos avós.

É hora de restaurar nosso caráter, se não for pelo bem da nossa nação, pelo menos que seja pelo bem de nosso próprio sucesso e realizações. Não caia na história do gênio da lâmpada. Você pode sentar em seu próprio sofá e ficar esperando atrair cheques por correspondência, esfregar cristais, andar sobre o fogo, canalizar aquele guru de 2.000 anos ou entoar afirmações se quiser, mas muito desse comercialismo fantástico o manipula apelando para suas fraquezas. O sucesso real e duradouro requer trabalho — muito trabalho!

Tenho uma história rápida e em tempo real para ilustrar esse conceito de que nada falha como o sucesso: um ótimo novo restaurante abriu perto de minha casa na praia em San Diego. No começo, o lugar estava sempre imaculado, a recepcionista tinha sempre um grande sorriso acolhedor para todos, o serviço era impecável (o gerente ia até lá para garantir isso) e a comida era sensacional. Logo, as pessoas começaram a fazer fila para comer lá e esperavam até mais de uma hora por uma mesa.

Então, infelizmente, a equipe do restaurante começou a menosprezar o sucesso. A recepcionista ficou esnobe, a equipe de serviços estava desgrenhada e era rude, e a qualidade da comida era imprevisível. O lugar fechou 18 meses depois. Eles fracassaram por causa do sucesso. Ou melhor, porque pararam de fazer o que os tornou bem-sucedidos em primeiro lugar. Seu sucesso obscureceu sua perspectiva e eles foram negligentes.

Mentalidade de Micro-ondas

Entender o Efeito Cumulativo o livrará da expectativa de "resultados instantâneos" — a crença de que o sucesso deveria ser tão rápido quanto fast-food, óculos feitos na hora, revelação de fotos em 30 minutos, SEDEX 10, ovos de micro-ondas, água quente instantânea e mensagens de texto. Já chega disso, beleza?

Prometa a si mesmo que você se livrará dessa sua expectativa de ganhar na Mega-Sena porque, vamos ser sinceros, só se ouve histórias sobre *aquele* ganhador, não sobre os milhões de perdedores. A história daquela pessoa que você vê pulando para cima e para baixo em frente a caça-níqueis em Vegas ou na pista de corrida de cavalos não revela as centenas de vezes que essa mesma pessoa perdeu. Se voltarmos à possibilidade matemática de um resultado positivo, de novo, teremos um erro de arredondamento de zero — como em: você tem uma chance de ganhar de aproximadamente *zero*. O psicólogo de Harvard Daniel Gilbert, autor de *O que Nos Faz Felizes*, diz que se cada jogador da loteria ganhasse 30 segundos de tempo na TV para anunciar não "Eu ganhei!" mas "Eu perdi", levaríamos quase 9 anos vendo os perdedores de um único sorteio!

Quando você entender como o Efeito Cumulativo funciona, não ansiará por resultados imediatos ou milagrosos. Não tente se enganar acreditando que um atleta extremamente bem-sucedido não teve que passar por exercícios torturantes e milhares de horas de treino. Ele acordou cedo para treinar — e continuou praticando por muito tempo depois que todos os outros pararam. Enfrentou a pura agonia e frustração do fracasso, da solidão, do trabalho duro e da decepção que foram exigidos para que se tornasse o nº 1.

No final deste livro, ou até mesmo antes, quero que você saiba do fundo de seu coração que seu único caminho para o sucesso é por meio de contínuas disciplinas diárias mundanas, nada atraentes, nada animadoras e, às vezes, difíceis, combinadas ao longo do tempo. Saiba também que os resultados, a vida e o estilo de vida dos seus sonhos podem ser seus quando você colocar o Efeito Cumulativo para trabalhar a seu favor. Se utilizar os princípios esboçados em *O Efeito Cumulativo*, você criará seu final feliz de contos de fadas! Veja a Figura 2.

Fig. 2

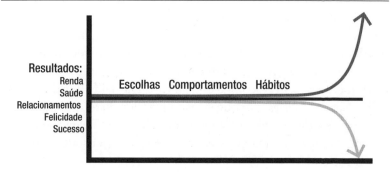

O Efeito Composto está sempre trabalhando. Você pode escolher fazê-lo trabalhar a seu favor ou pode ignorá-lo e experimentar os efeitos negativos de seu poderoso princípio. Não importa onde esteja neste gráfico. Desde já, você pode decidir fazer mudanças simples e positivas e permitir que o Efeito Composto o leve aonde quer chegar.

Consegui demonstrar meu ponto de vista? Ótimo. Junte-se a mim no próximo capítulo, no qual nos concentraremos no que controla a sua vida. Cada vitória ou derrota, triunfo ou fracasso, começou com isso. Tudo o que você tem ou não na vida agora é devido a isso. Aprenda a mudá-lo e conseguirá mudar a sua vida. Vamos descobrir o que é...

Faça o Efeito Cumulativo Trabalhar a Seu Favor

Resumo dos Passos de Ação

↗ Escreva algumas desculpas que você pode estar dando (por exemplo, não ser inteligente o bastante, não ter experiência, ter sido criado de forma errada, não ter o estudo adequado etc.). Decida compensar com trabalho duro e desenvolvimento pessoal para superar qualquer um — inclusive seu antigo eu.

↗ Seja o Scott — escreva a meia dúzia de pequenos passos praticamente irrelevantes que você pode dar todos os dias para levar a sua vida a uma direção completamente nova e positiva.

↗ Não seja o Brad — escreva as pequenas ações aparentemente irrelevantes que você pode parar de realizar e que podem estar piorando seus resultados.

↗ Liste algumas áreas, habilidades ou resultados em que você já tenha sido bem-sucedido no passado. Considere se talvez esteja subestimando tudo isso em vez de melhorando e, assim, se há o risco de que essa condução condescendente leve a um futuro fracasso.

CAPÍTULO 2

ESCOLHAS

Todos viemos ao mundo da mesma forma: pelados, com medo e ignorantes. Depois dessa entrada triunfal, a vida que nos resta é simplesmente um acúmulo de todas as escolhas que fazemos. Elas podem ser nossas melhores amigas ou nossas piores inimigas. Podem nos entregar a nossos objetivos ou nos enviar para orbitar em uma galáxia muito distante.

Pense nisso. Tudo o que existe em sua vida é devido a uma *escolha* que você fez sobre alguma questão. Escolhas estão na base de cada um de seus resultados. Cada escolha começa um comportamento que, com o tempo, se transforma em hábito. Faça escolhas ruins e poderá se ver de volta à etapa de planejamento, forçado a fazer escolhas novas e geralmente mais difíceis. Não escolha nada e terá escolhido ser o receptor passivo de tudo o que entrar no seu caminho.

Basicamente, você faz suas escolhas e, então, suas escolhas moldam você. Cada decisão, não importa o tamanho, altera a trajetória da sua vida — cursar ou não a faculdade, com quem se casar, beber ou não aquele último drinque antes de dirigir, fofocar ou ficar calado, fazer mais uma ligação de prospecção ou encerrar o expediente, dizer ou não "eu amo você". Cada escolha tem um impacto no Efeito Cumulativo da sua Vida.

Este capítulo trata da consciência de fazer escolhas que apoiam o crescimento da sua vida. Parece complicado, mas você ficará maravilhado por sua simplicidade. Noventa e nove por cento de suas escolhas não serão mais inconscientes. A maioria das suas rotinas diárias e tradições não surgirá mais como uma reação à sua programação. Você se perguntará (e será capaz de responder): "Quantos dos meus comportamentos não foram 'votados' por mim? Quais das minhas ações não foram conscientemente escolhidas por mim, mas ainda assim as realizo todos os dias?"

Ao empregar as mesmas estratégias à prova de idiotas que usei para impulsionar minha própria vida e carreira, fortalecidas pelo Efeito Cumulativo, você será capaz de afrouxar as amarras das coisas que estão se desenrolando em sua vida e levando-o na direção errada. Será capaz de apertar o botão de Pausa antes de entrar no território da idiotice. Experimentará a facilidade de tomar decisões que levem a comportamentos e hábitos que sempre lhe deem suporte.

Seu maior desafio não é fazer más escolhas intencionalmente com frequência. Isso seria fácil de consertar. Seu maior desafio é que você tem feito escolhas como um *sonâmbulo*. Metade do tempo, não está nem consciente de tê-las feito! Nossas escolhas muitas vezes são moldadas pela nossa cultura e criação. Elas podem estar tão enredadas em nossos comportamentos e hábitos rotineiros que parecem além do nosso controle. Por exemplo, você já passou pela situação de estar cuidando de suas coisas, aproveitando a vida, quando de repente faz uma escolha idiota ou uma série de pequenas escolhas que acabam sabotando seu trabalho duro e seu embalo aparentemente por razão nenhuma? Você não tinha a intenção de se sabotar, mas por *não* pensar em suas decisões — pesar os riscos e resultados em potencial — se viu enfrentando consequências não intencionais. Ninguém *pretende* ficar obeso, falir ou se divorciar, mas muitas vezes (se não sempre) essas consequências são o resultado de uma série de pequenas escolhas ruins.

Elefantes Não Mordem

Você já foi mordido por um elefante? E por um mosquito? São as pequenas coisas na vida que mordem. Ocasionalmente, vemos grandes erros ameaçarem destruir uma carreira ou uma reputação em um instante — o famoso comediante que berra insultos raciais durante uma apresentação de standup, as piadas bêbadas antissemitas de um humanitário que já foi célebre, o senador contra os direitos dos homossexuais que foi pego solicitando sexo a um gay em um banheiro, a admirada jogadora de tênis que ameaça um juiz de forma atípica com um jorro de xingamentos. Claramente, esses tipos de escolhas ruins têm grandes repercussões. Mas mesmo que você tenha feito tais grosserias no passado, não estamos preocupados aqui com retrocessos extraordinários ou momentos trágicos singulares.

Para a maioria de nós, as pequenas escolhas frequentes e aparentemente irrelevantes são o mais preocupante. Estou falando das decisões que você acha que não fazem diferença alguma. As pequenas coisas que inevitável e previsivelmente o desviam do sucesso. Sejam elas manobras estúpidas, comportamentos indiferentes ou estejam elas disfarçadas de escolhas positivas (que são especialmente traiçoeiras), essas decisões aparentemente insignificantes podem tirá-lo completamente do seu rumo, pois você não está ciente delas. Você se sente esgotado, entorpecido e não tem consciência das pequenas ações que o tiram da trajetória. É o Efeito Cumulativo trabalhando, com certeza. Ele está *sempre* trabalhando, lembra? Mas nesse caso ele trabalha contra você, porque você está... como um sonâmbulo.

Por exemplo, você engole uma lata de refrigerante e um pacote de batatinhas e de repente percebe, apenas depois de acabar com o pacote todo, que pisou na jaca deixando totalmente de lado um dia inteiro de alimentação saudável — e nem estava com fome. Você acaba se enrolando e perde duas horas assistindo a programas de TV aleatórios — não, esquece isso, vamos lhe dar algum

26   O EFEITO CUMULATIVO

crédito e dizer que foi um documentário educacional — até perceber que perdeu a noção de que precisava se preparar para uma apresentação importante a ser feita para um cliente valioso. Você conta uma mentira de forma instintiva para uma pessoa querida por nenhuma razão importante, quando a verdade não faria mal algum. O que está acontecendo?

Você se permitiu fazer uma escolha sem pensar. E enquanto estiver fazendo escolhas de maneira inconsciente, não será capaz de escolher mudar conscientemente esse comportamento ineficaz e transformá-lo em hábitos produtivos. Chegou a hora de ACORDAR e fazer escolhas fortalecedoras.

Todo Dia É Dia de Agradecer

É fácil apontar o dedo para os outros, não é? "Não consigo progredir por causa do incompetente do meu chefe." "Eu teria conseguido aquela promoção se não fosse pelo meu colega fura-olho." "Estou sempre de mau humor porque meus filhos me enlouquecem." E temos um dom especial no departamento de apontar dedos quando se trata de relacionamentos amorosos — sabe, quando a *outra* pessoa é quem precisa mudar.

Alguns anos atrás, um amigo meu estava reclamando de sua esposa. Do meu ponto de vista, ela era uma mulher incrível e ele era sortudo por estar com ela. Disse isso a ele, mas meu amigo continuou a apontar todas as maneiras pelas quais a esposa era a responsável por sua infelicidade. Foi então que compartilhei uma experiência que tinha verdadeiramente mudado meu casamento. Em um Dia de Ação de Graças, decidi manter um diário de Gratidão por minha esposa. Todos os dias, por um ano inteiro, eu registrei pelo menos uma coisa de que gostava nela — o jeito como interagia com seus amigos, como ela cuidava dos nossos cachorros, o modo como arrumava a cama, uma refeição suculenta que preparava ou a maneira linda como arrumou o cabelo naquele dia — qualquer coisa. Eu procurava coisas que minha esposa fazia que me tocavam, revelavam atributos, características ou qualidades das quais eu gostava. Escrevi tudo secretamente por um ano todo. No fim daquele período, havia preenchido um diário inteiro.

Quando o entreguei a ela no Dia de Ação de Graças seguinte, ela chorou, dizendo que aquele tinha sido o melhor presente que já recebera. (Ainda melhor do que a BMW que dei a ela de aniversário!) O engraçado é que a pessoa mais afetada por esse presente fui eu. Todos esses registros me forçaram a focar os aspectos positivos de minha esposa. Eu estava buscando conscientemente todas as coisas que ela fazia "certo". Esse foco sincero sobrepujava qualquer outra coisa de que eu pudesse ter reclamado. Eu me apaixonei profundamente por ela novamente (talvez ainda mais do que nunca, pois estava vendo as sutilezas em sua natureza e seu comportamento em vez de suas qualidades mais óbvias). Meu carinho, minha gratidão e minha intenção de descobrir o melhor nela foi algo que se manteve em meu coração e em meus olhos todos os dias. Isso fez com que eu estivesse presente em meu casamento de um modo diferente, o que, é claro, também a fez responder de outra maneira. Logo eu tinha ainda mais o que escrever em meu diário de Gratidão! Como resultado de reservar meros cinco minutos do meu dia mais ou menos para documentar todas as razões pelas quais eu era grato por tê-la, experimentamos um dos melhores anos do nosso casamento, e ele melhorou ainda mais depois disso.

Depois de compartilhar minha experiência, meu amigo decidiu manter um diário de Gratidão por sua esposa. Nos primeiros meses, ele transformou completamente seu casamento. Escolher procurar e focar as qualidades positivas de sua mulher mudou sua visão sobre ela, e isso mudou o modo como ele interagia com ela. Como resultado, ela fez escolhas diferentes sobre a maneira como reagia a ele. O ciclo se perpetuou. Ou, podemos dizer, se *acumulou*.

Use a Avaliação de Gratidão na página 152 como apoio para seu mindset abundante, ou faça o download em www.altabooks.com.br [procure pelo título/ISBN do livro].

Assumindo 100%

Todos somos homens e mulheres formados pelo próprio esforço, mas apenas os bem-sucedidos ganham crédito por isso. Eu tinha 18 anos quando fui apresentado à ideia de responsabilidade pessoal em um seminário, e o conceito transformou minha vida totalmente. Se você jogasse fora o restante deste livro e apenas praticasse esse único conceito, dentro de 2 ou 3 anos as mudanças em sua vida seriam tão grandiosas que seus amigos e familiares teriam dificuldade em se lembrar do seu "velho eu".

Nesse seminário ao qual compareci aos 18 anos, o palestrante perguntou: "Qual é a porcentagem de responsabilidade compartilhada que você tem para fazer com que um relacionamento dê certo?" Eu era um adolescente, muito sábio sobre os caminhos do amor verdadeiro. É claro que eu tinha todas as respostas.

"50% / 50%", falei sem pensar. Era tão óbvio; ambas as pessoas devem estar dispostas a compartilhar a responsabilidade igualmente, caso contrário, alguém está sendo enganado.

"51% / 49%", gritou outra pessoa, argumentando que você teria que estar disposto a se esforçar um pouco mais do que a outra pessoa. Relacionamentos não são construídos por atos de autossacrifício e generosidade?

"80% / 20%", gritou outra.

O instrutor se virou para o cavalete e escreveu 100% / 0% em letras pretas e garrafais. "É necessário estar disposto a dar 100% sem nenhuma expectativa de receber algo em troca", disse ele. "O relacionamento só dará certo quando você estiver disposto a assumir 100% da responsabilidade por fazê-lo funcionar. Caso contrário, um relacionamento deixado ao acaso sempre estará vulnerável a algum desastre."

Eita. Eu não estava esperando por isso! Mas compreendi rapidamente como esse conceito poderia transformar todas as áreas da minha vida. Se eu *sempre* assumisse 100% da responsabilidade por tudo que vivesse — reconhecendo completamente todas as minhas escolhas e todas as maneiras pelas quais reagisse ao que acontecesse comigo —, teria o poder. Tudo dependia de mim. Eu era o responsável por tudo o que fazia, o que não fazia ou como reagia ao que faziam comigo.

Sei que você acha que assume a responsabilidade por sua vida. Ainda não encontrei ninguém que não diga: "É *claro* que assumo a responsabilidade pela minha vida." Mas depois observamos como a maioria das pessoas funciona no mundo; há muito apontar de dedos, vitimismo, culpa e expectativa de que outra pessoa ou o governo resolva seus problemas. Se já culpou o trânsito pelo seu atraso ou decidiu que estava de mau humor por algo que seu filho, companheiro ou colega de trabalho fez, você não está assumindo 100% da sua responsabilidade pessoal. Chegou tarde porque a impressora estava sendo usada? Talvez não devesse ter esperado até o último minuto? Seu colega de trabalho estragou sua apresentação? Você não deveria ter revisado tudo antes de fazê-la? Não está conseguindo se dar bem com seu filho adolescente irracional? Há diversas aulas e livros fantásticos para ajudá-lo a lidar com isso.

Somente você é responsável pelo que *faz, deixa de fazer* ou por como *reage* ao que é feito a você. Esse mindset empoderador revolucionou minha vida. A sorte, as circunstâncias ou a situação certa não eram importantes. Se *algo* deveria acontecer, só dependia de mim. Eu era livre para voar. Não importava quem era o presidente eleito, o quanto a economia havia despencado ou o que os outros diziam, faziam ou não faziam, eu ainda tinha 100% de controle sobre *mim* mesmo. Ao escolher me libertar totalmente do vitimismo do passado, do presente e do futuro, acertei em cheio. Eu tinha o poder ilimitado de controlar meu próprio destino.

Tendo Sorte

Talvez você simplesmente se ache azarado. Mas, na verdade, essa é só mais uma desculpa. A diferença entre ficar incrivelmente rico, feliz e saudável ou quebrado, deprimido e doente são as escolhas feitas no decorrer da vida. Nada mais fará diferença. Deixe-me falar uma coisa sobre sorte: somos todos sortudos. Se você está vivo, com saúde e tem comida na geladeira, é uma pessoa extremamente sortuda. Todos têm a oportunidade de ser "sortudos", porque além de ter o básico da saúde e da alimentação, a sorte se resume apenas a uma série de escolhas.

Quando perguntei a Richard Branson se ele achava que a sorte tinha feito parte de seu sucesso, ele respondeu: "Sim, todos temos sorte. Você tem sorte se vive em uma sociedade livre. A sorte nos rodeia todos os dias; coisas afortunadas nos acontecem constantemente, quer reconheçamos isso ou não. Eu nunca fui mais ou menos sortudo do que ninguém. A diferença é que quando do a sorte aparece no meu caminho, eu a aproveito."

Ah, falou como um verdadeiro sábio. Enquanto estamos falando disso, creio que o velho provérbio que escutamos com frequência — "Sorte é o que acontece quando a preparação encontra a oportunidade" — não seja o bastante. Eu acredito que haja outros dois componentes cruciais na "sorte".

A Fórmula (Completa) para Ter Sorte:

Preparação (crescimento pessoal) +
Atitude (crença/mindset) +
Oportunidade (algo bom que cruza o seu caminho) +
Ação (fazer algo em relação a essa coisa boa) =
Sorte

Preparação: Por meio da melhora e da preparação constante de si mesmo — habilidades, conhecimento, especialização, relacionamentos e recursos —, você tem os meios necessários para aproveitar as grandes oportunidades quando elas surgem (quando a sorte "bate à porta"). Então, você pode ser como Arnold Palmer, que disse à revista *SUCCESS* em fevereiro de 2009: "É uma coisa engraçada, quanto mais eu pratico, mais sorte tenho."

Atitude: É aqui que a sorte escapa da maioria das pessoas, e onde Sir Richard é preciso em sua crença de que ela está à nossa volta. É simplesmente uma questão de ver situações, conversas e circunstâncias como fortuitas. Não é possível enxergar o que não se procura, e não se pode procurar o que não se acredita.

Oportunidade: É possível fazer sua própria sorte, mas a sorte da qual falo aqui não é planejada, não chega mais rápido e nem de modo diferente do esperado. Neste estágio da fórmula, a sorte não é forçada. Ela é um acontecimento natural e muitas vezes se manifesta aparentemente por vontade própria.

Ação: É aqui que você entra em jogo. Independentemente de como essa sorte lhe foi entregue — do universo, de Deus, do duende da caixa de cereal ou de qualquer outra coisa ou pessoa a quem você associe a vinda da sorte — é o seu momento de agir. É isso que separa pessoas como Richard Branson de pessoas como Joseph Wallington. Quem é esse Joseph? Exatamente. Você nunca ouviu falar dele. Isso porque ele falhou em agir em relação a todas as coisas fortuitas que aconteceram a ele.

Então não reclame mais das cartas que recebeu da vida para jogar, das grandes derrotas que sofreu ou de qualquer outra circunstância. Inúmeras pessoas têm mais desvantagens e obstáculos maiores do que você, e ainda assim são mais ricas e mais realizadas. A sorte é uma distribuidora igualitária de oportunidades. A dona sorte brilha para todos, mas, em vez de colocar óculos escuros, você precisa olhar para o céu. No fim das contas, o responsável é você mesmo, bebê. Não tem outro jeito.

A Mensalidade Alta da UVD (Universidade da Vida Dura)

Quase uma década atrás, fui convidado para ser sócio em um novo empreendimento de startup. Investi uma soma considerável de dinheiro no negócio e trabalhei incansavelmente nele por quase dois anos antes de descobrir que meu sócio o havia administrado mal e desperdiçado todo o dinheiro. Perdi mais de US$330 mil. Não tentei processá-lo; na verdade, emprestei ainda mais dinheiro a ele mais tarde para uma questão pessoal. O ponto é que a perda foi minha culpa. Eu havia concordado em ser seu sócio sem fazer uma diligência prévia de seu passado e caráter pessoal. Durante nossa sociedade, não analisei o que esperava. Poderia justificar isso dizendo que confiava nele, mas a verdade é que eu era culpado por ter preguiça, por não ter vigiado as finanças com mais cuidado. Eu não só havia escolhido começar esse relacionamento e esse negócio, mas também fiz muitas escolhas ignorando os sinais e os avisos de perigo. Como escolhi não ser completamente responsável pelo negócio, no fim, fui responsável pelos resultados. Quando fiquei sabendo dos problemas, escolhi não perder mais tempo lutando contra eles. Em vez disso, usei um tempo para me recuperar, aprendi a lição e segui em frente. Em retrospecto, hoje faria novamente a mesma escolha de me recuperar e seguir em frente.

Agora desafio você a fazer o mesmo. Não importa o que tenha acontecido, assuma totalmente a responsabilidade — seja algo bom ou mau, uma vitória ou uma derrota. Assuma. Meu mentor Jim Rohn disse: "O dia que você passa da infância para a vida adulta é o dia em que assume a responsabilidade total por sua vida."

Esse dia é hoje! A partir de agora, escolha ser 100% responsável pela sua vida. Elimine todas as suas desculpas. Aceite o fato de que suas escolhas o libertam, contanto que você assuma responsabilidade pessoal por elas.

Chegou a hora de escolher assumir o controle.

Sua Arma Secreta — O Registro

Estou prestes a lhe mostrar uma das melhores estratégias que já usei em meu desenvolvimento pessoal. Ela me ajuda a controlar as escolhas que faço durante o dia, fazendo com que *tudo* se encaixe e gerando comportamentos e ações que colocam meus hábitos na linha, como trabalhadores leais e obedientes.

Neste exato momento: escolha uma área de sua vida na qual mais deseja ter sucesso. Você quer ter mais dinheiro no banco? Uma cintura mais fina? Força para competir em um evento do Ironman? Um relacionamento melhor com seu companheiro ou com seus filhos? Imagine em que patamar você está nessa área atualmente. Agora, imagine aonde quer chegar: mais rico, mais magro, mais feliz, é só escolher. O primeiro passo em direção à mudança é a consciência. Se quiser sair de onde está e ir até o ponto em que quer chegar, precisa começar se tornando consciente das escolhas que o levam para longe do destino desejado. Torne-se muito consciente de cada escolha que fizer hoje, para que possa começar a fazer escolhas melhores daqui para frente.

Para ajudá-lo a ficar consciente de suas escolhas, quero que *registre todas as ações* relacionadas à área da sua vida que queira melhorar. Se decidiu acabar com as dívidas, você registrará cada centavo que gastar. Se decidiu perder peso, registrará tudo o que colocar na boca. Se decidiu treinar para um evento de atletismo, registrará cada passo que der e cada treino que realizar. Basta carregar um caderninho, algo que consiga manter no bolso ou na bolsa o tempo todo, e um lápis ou caneta. Você registrará tudo. Todos os dias. Sem falha. Sem desculpas, sem exceção. Como se o Big Brother estivesse de olho em você. Como se eu e meu pai fôssemos obrigá-lo a pagar 100 flexões sempre que perdesse um registro.

Escrever em um pedaço de papel não parece muito, eu sei. Mas registrar *meu* progresso e erros é uma das razões de eu ter acumulado o sucesso que tenho. O processo nos força a ficar conscientes de nossas decisões. Mas como Jim Rohn diria: "Tudo o que é simples de fazer também é simples de não fazer." A mágica não está na complexidade da tarefa; está no fazer as coisas simples repetidamente e por tempo suficiente para impulsionar o milagre do Efeito Cumulativo. Logo, tenha cuidado ao negligenciar as coisas simples que possibilitam as coisas grandiosas em sua vida. A maior diferença entre as pessoas que têm sucesso e as que não têm é que as primeiras estão dispostas a fazer o que as outras não estão. Lembre-se disso; isso lhe será útil muitas vezes no decorrer da vida ao enfrentar uma escolha difícil ou tediosa.

Armadilha do Dinheiro

Aprendi o poder do registro do jeito mais difícil, depois que agi como um total idiota em relação às minhas finanças. Quando eu tinha 20 e poucos anos e ganhava muito dinheiro vendendo bens imóveis, me reuni com meu contador.

"Você está devendo muito mais de US\$100 mil em impostos", ele disse.

"O quê?!", falei. "Eu não tenho esse dinheiro sobrando."

"Por que não?", perguntou ele. "Você angariou muito mais do que isso; certamente reservou os impostos que deveria pagar sobre esse dinheiro."

"Evidentemente não fiz isso", respondi.

"Para onde foi esse dinheiro?", perguntou ele.

"Eu não sei", repliquei, uma confissão preocupante, com certeza. O dinheiro passou pelas minhas mãos como água e eu não notei!

Então meu contador me fez um grande favor.

Ele disse: "Filho, você precisa se controlar. Já vi isso acontecer centenas de vezes. Você está gastando dinheiro como um bêbado idiota e não consegue nem se justificar. Isso é ridículo. Pare. Agora está no fundo do poço. Precisa ganhar dinheiro so-

ESCOLHAS **35**

bre o qual deverá novos impostos só para pagar os impostos já devidos. Continue assim e cavará uma cova financeira com sua própria carteira."

Entendi a mensagem de imediato.

Meu contador me mandou fazer o seguinte: carregar um pequeno bloco de notas no bolso e registrar cada centavo que eu gastasse durante 30 dias. Fossem 1000 dólares em um novo terno ou 50 centavos no posto para encher os pneus do carro, tudo deveria ser registrado no bloco de notas. Nossa! Isso me fez perceber imediatamente quantas escolhas inconscientes eu fazia que resultavam no desaparecimento do meu dinheiro. Como eu precisava registrar tudo, resisti a comprar certas coisas, só para não ter que pegar o maldito bloco de notas e escrever nele!

Manter um registro do dinheiro por 30 dias seguidos consolidou em mim uma nova consciência e criou um conjunto de escolhas e disciplinas completamente novo acerca dos meus gastos. E, já que a consciência e os comportamentos positivos se acumulam, eu me vi mais proativo com dinheiro no geral, reservando um pouco mais para a aposentadoria, encontrando áreas de desperdício completo em que poderia economizar e aproveitando muito mais o resultado divertido do dinheiro — "dinheiro para diversão". Quando considerava gastar para meu entretenimento, fazia isso depois de pensar *muito*.

Esse exercício de registro mudou minha consciência de como eu me relacionava com o dinheiro. E na verdade funcionou tão bem que o utilizei muitas vezes para mudar outros comportamentos. O registro é o modelo que busco para tudo o que me aflige. Ao longo dos anos, registrei como comia e bebia, o quanto me exercitava, quanto tempo passava aprimorando uma habilidade, meu número de telefonemas de vendas, até mesmo a melhoria dos meus relacionamentos com familiares, amigos ou minha esposa. Os resultados foram tão profundos quanto a chamada de atenção para o registro dos gastos.

Ao comprar este livro, você está basicamente me pagando por minha opinião e orientação. É aqui que fico exigente e insisto que você registre seus comportamentos por, pelo menos, uma semana inteira. Este livro não foi escrito para entreter; foi escrito para ajudá-lo a obter resultados. Para isso, você precisa agir.

Você já deve ter ouvido falar antes sobre registro. Na verdade, provavelmente já deve ter feito sua própria versão desse exercício. Mas eu também aposto que não esteja fazendo isso agora, não é? Como eu sei disso? *Porque a sua vida não está funcionando tão bem quanto gostaria.* Você se desviou do caminho e o registro é como conseguirá voltar a ele.

Você sabe como os cassinos ganham tanto dinheiro em Vegas? Porque eles registram cada mesa, cada vencedor, cada hora. Por que os treinadores olímpicos recebem bem? Porque eles registram cada treino, cada caloria e cada micronutriente de seus atletas. Todos os vencedores são registradores. Agora quero que registre a sua vida com a mesma intenção: colocar seus objetivos ao alcance da visão.

O registro é um exercício simples. Funciona porque, de momento a momento, traz consciência às ações que realiza na área da vida que deseja melhorar. Você ficará surpreso com o que observará em seu comportamento. Não é possível administrar ou melhorar alguma coisa até que ela seja medida. Da mesma forma, não é possível aproveitar quem você é ao máximo — seus talentos, recursos e capacidades — até que se conscientize e se responsabilize por suas ações. Todo atleta profissional e seu treinador registram os mínimos detalhes de cada performance. Arremessadores de beisebol conhecem as estatísticas de cada arremesso de seu repertório. Jogadores de golfe têm ainda mais métricas sobre suas tacadas. Atletas profissionais sabem como ajustar seus desempenhos com base no que registraram. Prestam atenção nos registros e fazem mudanças de acordo com eles, porque sabem que quando suas estatísticas melhoram, eles vencem mais jogos e conseguem ganhar mais patrocínio.

ESCOLHAS 37

Em qualquer momento, quero que saiba exatamente como está se saindo. Estou pedindo para que registre seus passos como se você fosse um bem valioso. Porque é isso que você é. Quer aquele sistema à prova de idiotas sobre o qual falamos antes? É esse. Então, independentemente de achar que está ou não consciente de seus hábitos (acredite em mim, você não está!), peço para que comece a fazer os registros. Isso revolucionará a sua vida e, por fim, seu estilo de vida.

Devagar e Sempre

Não entre em pânico. Estamos começando com calma, devagar. Registre apenas *um* hábito por *uma* semana. Escolha o hábito que mais o controla; é por ele que você vai iniciar. Assim que começar a colher as recompensas do Efeito Cumulativo, com certeza *desejará* introduzir essa prática em outras áreas de sua vida. Ou seja, *escolherá* fazer os registros.

Digamos que a categoria escolhida seja controlar o que você come, porque deseja perder peso. Sua tarefa é registrar tudo o que colocar na boca, desde o bife com batata e salada do jantar até aquelas mínimas escolhas que faz durante o dia — o punhado de salgadinhos no café do escritório, aquela fatia extra de queijo no seu sanduíche, a barra de chocolate "tamanho miniatura", aquela amostra grátis no mercado, os goles a mais de vinho depois que completam sua taça novamente. Não se esqueça das bebidas. Todas elas acabam somando, mas é fácil não dar importância a elas ou esquecê-las se não forem registradas, porque parecem insignificantes. Repito: só escrever essas coisas parece simples — e *é* — MAS SÓ QUANDO VOCÊ REALMENTE O FAZ. É por isso que estou pedindo para que se comprometa a escolher uma categoria e uma data inicial, agora, *antes de virar a página.*

Começarei a registrar _____ **no dia** _____.

[dia/mês/ano]

38 O EFEITO **CUMULATIVO**

Como será esse registro? Ele será meticuloso, organizado. E persistente, constante. Todos os dias você começará colocando a data na primeira linha de uma página em branco e iniciará os registros.

O que acontece depois da primeira semana? Você provavelmente ficará chocado, surpreso com o quanto essas calorias, centavos ou minutos passavam despercebidos. Você nunca soube que estavam lá, muito menos que estavam desaparecendo.

Agora, continue. Mantenha os registros dessa área por *três semanas*. Talvez já esteja resmungando porque não quer fazer isso. Mas, confie em mim: você ficará tão impressionado com os resultados depois de uma semana que acabará se comprometendo por mais duas. Isso é praticamente garantido.

Por que três semanas? Você já ouviu psicólogos falando que nada se transforma em hábito até que seja praticado por três semanas. Isso não é uma ciência exata, mas é uma boa referência, e funcionou comigo. Assim, o ideal é que mantenha sua escolha de registrar seus comportamentos por 21 dias. Caso se recuse, eu não perderei nada (aliás, não é com a minha cintura, minha saúde cardiovascular, meu saldo bancário ou meu relacionamento que você está brincando!). Mas, de verdade, você está lendo este livro porque quer mudar sua vida, não é mesmo? E eu prometi que isso exigiria um trabalho lento e constante, não foi? Essa ação não é fácil, mas é simples e possível. Então, faça.

Prometa a si mesmo que começará. Hoje. Pelas próximas três semanas, escolha carregar um pequeno bloco de notas (ou um grande, se for mais atraente) e escreva *cada coisinha da sua categoria*.

O que acontece em três semanas? O choque inicial da primeira semana passa à alegre surpresa de ver como a mera consciência de suas ações começa a moldá-las. Você se verá pensando: "Eu realmente quero esse chocolate? Vou ser obrigado a pegar meu bloco de notas e escrever isso e me sentirei um pouco envergonhado." São 200 calorias não ingeridas ali. Recuse a barra de chocolate todos os dias e, em pouco mais de 2 semanas, já terá perdido 0,5kg! Você começará a somar aquele café de R$4 a caminho do trabalho e perceberá: *Minha nossa! Acabei de gastar 60 pratas em café em 3 semanas!* Ei, isso dá quase R$1.000 por ano! Ou, cumulativamente, R$51.833,79 em 20 anos! É *realmente* precisa parar para tomar esse café? Veja a Figura 3.

Fig. 3

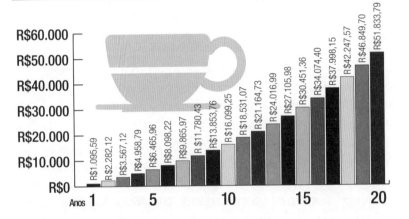

O custo real do hábito de uma xícara de café de R$4,00 todos os dias ao longo de 20 anos é R$51.833,79. Esse é o poder do Efeito Cumulativo.

Como é que é? Eu estou dizendo que seu hábito de comprar uma xícara de café de R$4 todos os dias custará R$51.833,79 em 20 anos? Sim, estou. Você sabia que cada real gasto hoje, não importa como, custa a você quase R$5 em apenas 20 anos (e R$10 em 30 anos)? É por isso que, se pegar R$1 e investi-lo a 8%, em 20 anos ele valerá quase R$5. Cada vez que você gasta R$1 hoje, é como se estivesse gastando R$5 reais do seu bolso do futuro.

Eu costumava cometer o erro de olhar a etiqueta e pensar que se um item custasse R$50 ele me custaria R$50. Bem, isso é verdade, no valor atual. Mas se considerarmos o valor em potencial desses mesmos R$50 depois de terem sido investidos por 20 anos, o custo (o que você perde por gastar o dinheiro em vez de investi-lo) é 4 ou 5 vezes maior! Ou seja, toda vez que olhar para um item que custa R$50, precisa se perguntar: "Este item vale R$250?" Se valer R$250 para você hoje, então vale a pena comprá-lo. Lembre-se disso sempre que for a um lugar como o Sam's Club, com uma variedade de coisas incríveis que você nem sabia que precisava ter. É entrar para comprar coisas necessárias que custam R$25 e sair de lá com R$400 em compras. Minha garagem parece um cemitério dessas coisas. Da próxima vez que entrar em uma dessas lojas de preços baixos, avalie as coisas desse ponto de vista de valor futuro. É provável que deixe de lado aquela máquina de fazer crepes de R$50 para que seu Eu Futuro tenha R$250 a mais no banco. Faça a escolha certa todos os dias, todas as semanas, durante muitos anos, e rapidamente será capaz de ver como pode ter abundância financeira.

Fazendo os registros com consciência, você se verá reagindo à vida de maneira muito diferente. Será capaz de perguntar a si mesmo: "Tomar um café todo dia útil vale o preço de uma Mercedes-Benz?" Porque é isso que está lhe custando. Até mais do que isso, você não está mais sonâmbulo. Está acordado, consciente e fazendo escolhas melhores. Tudo isso apenas com um bloco de notas e uma caneta. Simplesmente incrível, não é?

O Herói Desconhecido

Uma vez que começar a registrar a sua vida, sua atenção estará concentrada nas menores coisas que fizer da forma correta, bem como nas menores coisas que fizer de errado. E quando escolher fazer correções mínimas consistentemente, com o tempo, começará a ver resultados impressionantes. Mas não espere uma fanfarra imediata. Quando digo correções "mínimas", estou falando de praticamente invisíveis. Não haverá aplausos. Ninguém enviará um cartão de felicitações ou um troféu por essas disciplinas. E ainda assim, no fim das contas, seu efeito cumulativo resultará em uma recompensa excepcional. As menores das disciplinas são as que geram recompensas com o tempo, o esforço e a preparação para o grande triunfo que aconteceu quando ninguém estava olhando. E mesmo assim os resultados são excepcionais. Um cavalo ganha pela ponta do focinho, mas recebe o prêmio em dinheiro dez vezes maior. O cavalo foi dez vezes mais rápido? Não, só um pouquinho melhor. Mas foram essas voltas extras que ele deu na pista, a disciplina extra na dieta do cavalo ou o trabalho extra que o jóquei realizou que geraram resultados levemente melhores com recompensas cumulativas.

Depois de jogar centenas de torneios e de registrar milhares de tacadas, a diferença entre o jogador de golfe em 1º lugar e aquele em 10º lugar é uma média de apenas 1,9 tacada, mas a diferença no prêmio em dinheiro é 5 vezes maior (mais de US$10 milhões em comparação a US$2 milhões)! O jogador nº 1 não é 5 vezes melhor, nem 50% ou mesmo 10% melhor. Na verdade, a diferença entre sua pontuação média é apenas 2,7% melhor. Ainda assim, os resultados são 5 vezes maiores! Veja a Figura 4.

Fig. 4

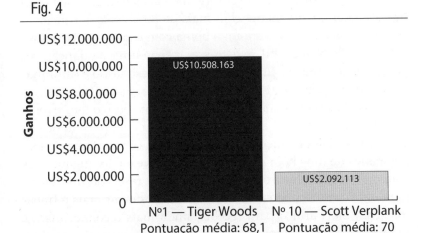

A diferença entre o jogador de golfe em 1º lugar e aquele em 10º lugar é uma média de apenas 1,9 tacada, mas a diferença na premiação em dinheiro é 5 vezes maior. Esse é o poder do Efeito Cumulativo.

[Fonte: FedEx Cup Ranking a partir de meados de dezembro de 2009]

Esse é o poder do acúmulo de pequenas coisas. Não são as grandes que se acumulam no final; são as centenas, milhares ou milhões de pequenas coisas que separam o ordinário do extraordinário. Ser apenas uma tacada melhor requer incontáveis pequenas coisas que não são registradas quando você veste o blazer verde de vencedor do torneio Masters.

Permita-me mostrar mais alguns modos em que o registro de pequenas mudanças pode resultar em grandes recompensas.

Dê uma Volta

Eu estava aconselhando um CEO de uma empresa de tamanho considerável que ganha mais de US$100 milhões em vendas anualmente. Phil era um empreendedor e fundador da companhia. A empresa estava indo bem, mas detectei uma falta de envolvimento, confiança e entusiasmo na cultura de sua organização. Não fiquei muito surpreso; parece que Phil não havia estado presente em partes de seu escritório há mais de 5 anos! Ele nunca havia falado pessoalmente com mais de 80% de seus funcionários! Basicamente, vivia em uma bolha com sua equipe de administração. Pedi que Phil registrasse apenas uma mudança: três vezes por semana, ele tinha que sair de seu escritório e caminhar pelo edifício. Seu objetivo era procurar pelo menos três pessoas que visse fazendo as coisas do jeito certo ou sobre quem tivesse ouvido falar bem e dar a elas um reconhecimento pessoal de sua valorização. Essa pequena mudança em seu comportamento exigia menos de uma hora por semana, mas teve efeitos gigantescos com o tempo. Os funcionários a quem Phil reservou um tempo para dar reconhecimento começaram a se esforçar mais e trabalhar com mais afinco para receber ainda mais reconhecimento. Outros funcionários começaram a ter um desempenho melhor, pois observaram que um maior esforço era reconhecido e valorizado. O efeito dominó de sua nova atitude foi transferido para suas interações com clientes, melhorando a experiência deles com a empresa, aumentando seu retorno e negócios oriundos de indicações, o que fez todos se sentirem mais orgulhosos. Essa mudança simples, no decorrer de um período de 18 meses, transformou completamente a cultura da empresa. Os lucros líquidos cresceram mais de 30% durante esse tempo, utilizando a mesma equipe e sem investimentos adicionais em marketing. Tudo porque Phil se comprometeu a dar um passo pequeno e aparentemente insignificante com consistência ao longo do tempo.

Árvore de Dinheiro

Doze anos atrás, eu tinha uma assistente sensacional chamada Kathleen, que ganhava US$40 mil por ano nessa época. Ela foi escalada para administrar a tabela de registros que ficava no fundo da sala durante uma das minhas palestras sobre empreendedorismo e acúmulo de riqueza. Na semana seguinte, ela veio até meu escritório. "Ouvi você falar sobre poupar 10% de tudo o que se ganha", disse. "Parece bom, mas não tenho como fazer isso. É algo totalmente irreal!" Ela continuou falando sobre todas as suas contas e obrigações financeiras. Depois, escreveu todas e ficou óbvio que realmente não havia dinheiro sobrando no fim do mês. "Eu preciso de um aumento", afirmou.

"Farei melhor do que isso", falei. "Vou ensiná-la a ficar rica." Essa não era a resposta que ela queria, mas concordou.

Ensinei a Kathleen a registrar seus gastos e ela começou a carregar seu bloco de notas. Falei para ela abrir uma conta-poupança separada com apenas US$33 — apenas 1% de sua renda mensal existente. Depois, mostrei como viver com US$33 a menos no mês seguinte — levando seu próprio almoço uma vez por sema-

44 O EFEITO **CUMULATIVO**

na em vez de ir à lanchonete e pedir um sanduíche, um pacote de salgadinhos e uma bebida. No mês seguinte, a fiz economizar apenas 2% (US$67). Ela economizou os US$33 a mais mudando sua assinatura de TV a cabo. No mês seguinte, chegamos a 3%. Cancelamos sua assinatura da revista *People* (chegara a hora de ela estudar a *própria* vida), e em vez de ir à Starbucks duas vezes por semana, falei a Kathleen que comprasse os grãos de café da Starbucks e outros acompanhamentos e fizesse seu próprio café no escritório (ela passou a gostar muito mais disso — e eu também!).

No fim do ano, Kathleen estava economizando 10% de cada centavo que ganhava sem notar um impacto significativo em seu estilo de vida. Ela ficou impressionada! Aquele único exercício também teve um efeito dominó em muitas outras disciplinas em sua vida. Ela calculou o quanto gastava com entretenimento entorpecedor e começou a investir esse dinheiro em crescimento pessoal. Depois de alimentar sua mente com centenas de horas de conteúdo inspirador e instrucional, sua criatividade disparou. Ela me trouxe várias ideias sobre como podíamos ganhar e economizar dinheiro em nossa organização. Apresentou-me um plano que implementaria em seu tempo livre, se eu prometesse recompensá-la com 10% de todo o dinheiro economizado com as estratégias e 15% de todas as novas estratégias de renda que se comprovassem lucrativas. No fim do segundo ano, ela ganhava mais de US$100 mil por ano — com o mesmo salário-base de US$40 mil. No fim, Kathleen começou seu próprio negócio de serviços de contratos independentes e foi embora. Eu a encontrei em um aeroporto há 2 anos. Agora, ela ganha mais de US$250 mil por ano e já economizou e criou mais de US$1 milhão em bens — ela é uma milionária! Tudo começando com a escolha de dar um pequeno passo e passar a economizar US$33 por mês!

Tempo É Dinheiro

Quanto antes você começar a fazer pequenas mudanças, maior será o poder do Efeito Cumulativo a seu favor. Suponha que seu amigo tenha escutado o conselho de Dave Ramsey e começado a guardar R$250 por mês em um plano de aposentadoria individual quando conseguiu seu primeiro emprego depois da faculdade, aos 23 anos. Você, por outro lado, só começou a economizar aos 40 anos. (Ou talvez tenha começado um pouco antes, mas limpou a conta de aposentadoria porque não notou nenhum ganho substancial.) Quando seu amigo tiver 40 anos, não terá que investir nem R$1 a mais e terá mais de R$1 milhão quando estiver com 67 anos, com aumento a uma taxa de 8% dos juros compostos mensais. Você continuará a investir R$250 todo mês até ter 67 anos, a média de idade mais comum de aposentadoria para aqueles nascidos depois de 1960. (Isso significa que você economiza durante 27 anos, em comparação aos 17 anos de seu amigo.) Quando estiver pronto para se aposentar, terá menos de R$300 mil e terá investido R$27 mil a mais do que ele. Embora tenha economizado por muito mais tempo e investido muito mais dinheiro, você ainda acaba com menos de um terço do dinheiro que poderia ter. Isso acontece quando procrastinamos e negligenciamos comportamentos, disciplinas e hábitos necessários. Não espere nem mais um dia para começar as pequenas disciplinas que o levarão na direção dos seus objetivos! Veja a Figura 5.

O EFEITO CUMULATIVO

Fig. 5

O PODER DO EFEITO CUMULATIVO					
AMIGO			**VOCÊ**		
Idade	Ano	Saldo no Fim do Ano	Idade	Ano	
23	1	R$3.112,48	23	1	0
24	2	R$6.483,30	24	2	0
25	3	R$10.133,89	25	3	0
26	4	R$14.087,48	26	4	0
27	5	R$18.369,21	27	5	0
28	6	R$23.006,33	28	6	0
29	7	R$28.028,33	29	7	0
30	8	R$33.467,15	30	8	0
31	9	R$39.357,38	31	9	0
32	10	R$45.736,51	32	10	0
33	11	R$52.645,10	33	11	0
34	12	R$60.127,10	34	12	0
35	13	R$68.230,10	35	13	0
36	14	R$77.005,64	36	14	0
37	15	R$86.509,56	37	15	0
38	16	R$96.802,29	38	16	0
39	17	R$107.949,31	39	17	0
40	18	R$120.021,53	40	18	0
41	19	R$129.983,26	41	19	R$3.112,48
42	20	R$140.771,81	42	20	R$6.483,30
43	21	R$152.455,80	43	21	R$10.133,89
44	22	R$165.109,55	44	22	R$14.087.48
45	23	R$178.813,56	45	23	R$18.369,21
46	24	R$193.655,00	46	24	R$23.006,33
47	25	R$209.728,27	47	25	R$28.028,33
48	26	R$227.135,61	48	26	R$33.467,15
49	27	R$245.987,76	49	27	R$39.357,38
50	28	R$266.404,62	50	28	R$45.736,51
51	29	R$288.516,07	51	29	R$52.645,10
52	30	R$312.462,77	52	30	R$60.127,10
53	31	R$338.397,02	53	31	R$68.230,10
54	32	R$366.483,81	54	32	R$77.005,64
55	33	R$396.901,78	55	33	R$86.509,56
56	34	R$429.844,43	56	34	R$96.802,29
57	35	R$465.521,31	57	35	R$107.949,31
58	36	R$504.159,35	58	36	R$120.021,53
59	37	R$546.004,33	59	37	R$133.095,74
60	38	R$591.322,42	60	38	R$147.255,10
61	39	R$640.401,89	61	39	R$162.589,69
62	40	R$693.554,93	62	40	R$179.197,03
63	41	R$751.119,64	63	41	R$197.182,78
64	42	R$813.462,20	64	42	R$216.661,33
65	43	R$880.979,16	65	43	R$237.756,60
66	44	R$954.100,00	66	44	R$260.602,76
67	45	**R$1.033.289,83**	67	45	**R$285.345,14**
		R$54.000,00			**R$81.000,00**

AMIGO

VOCÊ

Total acumulado =

Total investido =

Você diz a si mesmo que está começando tarde demais e já está tão atrasado que nunca conseguirá tirar o atraso? Esse é apenas mais um mantra que se repete na sua cabeça; está na hora de interrompê-lo. Nunca é tarde demais para colher os benefícios do Efeito Cumulativo. Suponha que você sempre quis tocar piano, mas acha que é tarde demais porque está prestes a fazer 40 anos. Se começar agora, quando estiver na época de se aposentar, poderá ser um mestre pianista, pois estará praticando há 25 anos! O segredo é começar AGORA. Cada grande ato, cada aventura fantástica, começa com pequenos passos. O primeiro sempre parece mais difícil do que realmente é.

Mas e se 25 anos for tempo demais? E se você só tiver tempo ou paciência para 10? No livro *Focal Point* ["Ponto Focal", em tradução livre] de Brian Tracy, ele oferece o modelo de como melhorar 1.000% qualquer área de sua vida. Não 10%, nem 100%, mas 1.000%! Permita-me exemplificar.

Tudo o que você precisa fazer é melhorar a si mesmo, seu desempenho e seus resultados e ganhos 1/10 de 1% a cada dia útil (pode até relaxar nos finais de semana). Ou seja 1/1000. Você acha que conseguiria fazer isso? É claro, qualquer um consegue. Simples. Faça todos os dias da semana e você melhorará 0,5% a cada semana (tradução: bem pouco), chegando a 2% por mês, o que cumulativamente chega a 26% por ano. Sua renda agora dobra a cada 2,9 anos. No ano 10, você poderá ter desempenho e ganho 1.000% melhores do que agora. Isso não é incrível? Não é necessário fazer 1.000% mais esforço ou trabalhar 1.000% mais horas. Apenas 1/10 de 1% de melhoria por dia. Só isso.

O Sucesso é uma (Meia) Maratona

Beverly era vendedora de uma empresa de software educacional na qual eu estava fazendo uma renovação corporativa. Um dia, ela me contou sobre uma amiga que ia correr uma meia maratona no final de semana seguinte. "Eu *nunca* conseguiria fazer isso",

48   O EFEITO CUMULATIVO

garantiu Beverly, que estava significantemente acima do peso. "Fico sem fôlego só de subir um lance de escadas!"

"Se você quiser, pode escolher fazer o que sua amiga faz", falei para ela, que relutou: "De jeito nenhum."

Meu primeiro passo foi ajudar Beverly a encontrar uma motivação. "Então, Beverly, por que você correria uma meia maratona?"

"Bem, a reunião de 20 anos do ensino médio está chegando no próximo verão e eu queria estar fabulosa. Mas ganhei muito peso desde que tive meu segundo filho, há 5 anos. Não sei como conseguiria fazer isso."

Bingo! Agora tínhamos um objetivo motivacional. Mas prossegui com cuidado. Se você já tentou perder peso, provavelmente sabe o que acontece: paga uma matrícula cara na academia, gasta uma fortuna com personal trainer, equipamento novo, roupas bacanas para treinar e ótimos tênis específicos para isso. Você treina vigorosamente por uma semana mais ou menos e então transforma seu equipamento elíptico em um cabide de roupas, para de ir à academia e deixa os tênis mofando no canto. Eu queria experimentar algo melhor com Beverly. Sabia que, se conseguisse fazê-la escolher apenas *um* hábito novo, ela entraria no jogo e todos os outros viriam naturalmente.

Eu lhe pedi que dirigisse seu carro e mapeasse um trajeto de 1,5km a partir de sua casa. Então, lhe falei para dar uma volta caminhando por esse trajeto três vezes durante duas semanas. Note que não pedi para que corresse o trajeto todo. Em vez disso, comecei com algo pequeno — uma tarefa fácil que não exigisse muito esforço. Depois, falei que desse três voltas por semana caminhando pelo trajeto por mais duas semanas. Todos os dias ela escolheu prosseguir.

Em seguida, falei a Beverly para começar uma corrida lenta, apenas enquanto ainda fosse confortável para ela. Quando começasse a se sentir sem fôlego, deveria parar e continuar caminhando. Pedi que fizesse isso até conseguir correr 1/4 do trajeto, depois 1/2 e então 3/4. Ela levou mais 3 semanas — 9 voltas — para conseguir correr o trajeto completo. Isso pode parecer tempo demais para uma vitória tão pequena, não é? Afinal de contas, metade de uma maratona tem 21,1km. Esse 1,5km não é nada. No entanto, o importante foi que Beverly começou a ver como sua escolha de entrar em forma para a reunião — seu poder de motivação (como explicarei em breve) — estava alimentando seus novos hábitos de saúde. O Efeito Cumulativo havia sido iniciado e estava começando seu processo milagroso.

Pedi, então, que Beverly aumentasse sua distância 200m de cada vez (uma distância quase imperceptível, talvez apenas 300 passos a mais). Em 6 meses, ela estava correndo 14,5km sem qualquer desconforto. Depois de 9 meses, fazia 21,7km regularmente (mais do que a distância de uma meia maratona) como parte de sua rotina de corrida. O mais animador, no entanto, foi o que aconteceu em outras áreas de sua vida. Beverly perdeu seu desejo por chocolate (uma obsessão que teve a vida toda) e por alimentos pesados e gordurosos. Simplesmente sumiu. O aumento de energia que sentiu com o exercício cardiovascular e suas melhores escolhas alimentares a ajudaram a ter mais entusiasmo no trabalho. Seu desempenho de vendas dobrou durante o mesmo período (o que foi ótimo para mim!).

Como vimos no capítulo anterior, o efeito dominó de todo esse impulso aumentou sua autoestima, o que a tornou mais carinhosa com seu marido. Seu relacionamento ficou mais apaixonado do que fora desde a faculdade. Com a energia renovada, sua interação com seus filhos ficou mais ativa e animada. Ela notou que não tinha mais tempo para sair com seus amigos "depressivos", que ainda se reuniam depois do trabalho para beber e comer petiscos gordurosos. Fez novos amigos "saudáveis" em um clube de corrida ao qual se associou — o que levou a toda uma nova variedade de escolhas, comportamentos e hábitos positivos.

Depois daquela primeira conversa em meu escritório e a decisão de Beverly de encontrar seu poder de motivação e de se comprometer com uma série de pequenos passos, ela perdeu mais de 18kg e se tornou uma propaganda ambulante (e corredora) para mulheres empoderadas e em forma. Atualmente, Beverly corre maratonas completas!

Sua vida é o produto de suas escolhas momento a momento. Em nosso CD *SUCCESS* (de maio de 2010), a treinadora fitness do programa de TV *Biggest Loser*, Jillian Michaels, compartilhou comigo uma história de infância poderosa: "Quando eu era criança, minha mãe fazia essas caças elaboradas aos ovos de Páscoa para mim. Eu corria pela casa e, quando chegava perto de um ovo escondido, ela dizia: 'Está quente.' Sabe, você chegava mais perto e ela: 'Está pegando fogo.' E quando você se afastava ela dizia: 'Ah, está fria, congelando.' Eu ensino aos competidores que, de momento a momento, preciso que eles pensem sobre sua felicidade e objetivo final como se estivessem quentes — como cada escolha e cada decisão que tomam no momento os fazem chegar mais perto desse objetivo final."

Já que seus resultados vêm de escolhas momento a momento, você tem um poder incrível de mudar sua vida mudando essas escolhas. Passo a passo, dia a dia, suas decisões moldarão suas ações até que se tornem hábitos, em que a prática os torna permanentes.

Perder é um hábito. Ganhar também é. Agora, vamos trabalhar em instilar permanentemente hábitos vencedores em sua vida. Eliminar hábitos de sabotagem e instilar os hábitos positivos necessários, e assim você poderá levar sua vida em qualquer direção desejada, para além da sua imaginação. Deixe-me mostrar como...

Faça o Efeito Cumulativo Trabalhar a Seu Favor

Resumo dos Passos de Ação

↗ Com qual área, pessoa ou circunstância em sua vida você tem mais dificuldade? Comece a registrar todos os aspectos que o deixam grato nessa situação. Mantenha um registro de tudo que reforce e expanda sua gratidão nessa área.

↗ Em que área da sua vida você não está assumindo 100% de responsabilidade pelo sucesso ou fracasso de sua condição atual? Escreva três coisas que você fez no passado que estragaram tudo. Liste três coisas que aconteceram com você, mas às quais reagiu mal. Escreva três coisas que pode começar a fazer imediatamente para reassumir a responsabilidade pelos resultados em sua vida.

↗ Comece a registrar pelo menos um comportamento em uma área de sua vida que gostaria de mudar e melhorar (por exemplo, finanças, nutrição, fitness, reconhecimento de outras pessoas, criação dos filhos... qualquer área).

CAPÍTULO 3

HÁBITOS

Um sábio professor caminhava pela floresta com um jovem pupilo quando parou diante de uma pequena árvore.

"Arranque essa muda", instruiu ao pupilo, apontando para um broto que saía da terra. O jovem a puxou facilmente com os dedos. "Agora arranque aquela", disse o professor indicando uma muda mais estabelecida que havia crescido até mais ou menos a altura do joelho do garoto. Com pouco esforço, o rapaz deu um puxão e a árvore saiu com raiz e tudo. "Agora, essa aqui", disse o professor, acenando com a cabeça em direção a uma árvore mais desenvolvida, da altura do jovem pupilo. Com muito esforço, colocando todo seu peso e força na tarefa, usando galhos e pedras encontradas para forçar as raízes teimosas a saírem, o garoto finalmente desprendeu a árvore.

"Agora", disse o sábio, "eu gostaria que você arrancasse essa aqui". O jovem seguiu o olhar do professor, que recaiu sobre um poderoso carvalho tão alto que ele mal podia ver o topo. Sabendo do grande esforço que teve que fazer para arrancar uma árvore tão menor, ele simplesmente disse ao professor: "Desculpe-me, mas não consigo."

"Meu filho, você acabou de demonstrar o poder que os hábitos terão sobre sua vida!", exclamou o professor. "Quanto mais velhos são, maiores ficam, mais suas raízes se aprofundam e mais difícil fica de arrancá-los. Alguns ficam tão grandes, com raízes tão profundas, que você pode hesitar até mesmo em tentar."

Criaturas de Hábitos

Aristóteles escreveu: "Somos o que fazemos repetidamente." O dicionário Merriam-Webster define hábito da seguinte forma: "Um modo adquirido de comportamento que se torna quase ou completamente involuntário."

Há uma história sobre um homem cavalgando em seu cavalo, galopando rapidamente. Parece que ele vai a algum lugar muito importante. Um homem parado à beira da estrada grita: "Aonde está indo?" O cavaleiro responde: "Não sei. Pergunte ao cavalo!" Essa é a história da vida da maioria das pessoas; elas cavalgam o cavalo de seus hábitos, sem saber para onde vão. É hora de assumir as rédeas e mover sua vida na direção em que realmente quer seguir.

Se você tem vivido no piloto automático e permitido que seus hábitos o controlem, quero que entenda o porquê. E quero que se liberte. Afinal de contas, está em boa companhia. Estudos psicológicos revelam que 95% de tudo o que sentimos, pensamos, fazemos e alcançamos é resultado de um hábito aprendido! Nós os desenvolvemos com o tempo. Começando na infância, aprendemos uma série de respostas condicionadas que nos levam a reagir automaticamente (sem pensar) à maioria das situações.

Em sua vida cotidiana, viver "automaticamente" com certeza tem seu lado positivo. Se precisasse pensar conscientemente em cada passo de cada tarefa comum — fazer o café da manhã, levar as crianças para a escola, ir ao trabalho e assim por diante — sua vida chegaria a um impasse. Você provavelmente escova os dentes duas vezes por dia no piloto automático. Não há um grande debate filosófico; você só escova. Coloca o cinto de segurança no mesmo momento em que se senta no banco. Sem pensar duas vezes. Nossos hábitos e rotinas nos permitem usar o mínimo de energia consciente para tarefas cotidianas. Eles nos ajudam a nos manter sãos e nos permitem lidar razoavelmente bem com a maioria das situações. E como não precisamos pensar nas coisas mundanas, podemos concentrar nossa energia mental em pensamentos mais criativos e enriquecedores. Os hábitos podem ser úteis — contanto que sejam bons.

Se você comer de maneira saudável, provavelmente criará hábitos saudáveis em relação à comida que compra e ao que pede em restaurantes. Se estiver em forma, provavelmente é porque se exercita regularmente. Se tem sucesso em um trabalho com vendas, provavelmente é porque seus hábitos de preparação mental e pensamentos motivacionais positivos permitem que continue otimista ao enfrentar a rejeição.

Conheci e trabalhei com muitos empreendedores, CEOs e "superestrelas" ótimos e posso lhe dizer que *todos* têm um traço em comum — todos têm bons hábitos. Não estou dizendo que eles não têm hábitos ruins; eles têm. Mas não muitos. Uma rotina diária construída com base em bons hábitos é a diferença que separa aqueles que têm mais sucesso do resto do mundo. E não é que isso faz sentido? A partir do que já discutimos, você sabe que pessoas de sucesso não são necessariamente mais inteligentes ou mais talentosas do que todo mundo. Mas seus hábitos as levam em direção a se tornarem mais informadas, versadas, competentes, habilidosas e preparadas.

Meu pai usava Larry Bird como exemplo para me ensinar sobre hábitos quando eu era criança. "Larry Legend" é conhecido como um dos maiores jogadores de basquete profissional. Mas ele não ficou conhecido por ser o jogador mais atleticamente talentoso. Ninguém o teria descrito como "gracioso" em quadra. Ainda assim, apesar de sua limitada habilidade atlética natural, ele levou o Boston Celtics a três campeonatos mundiais e permanece como um dos melhores jogadores de todos os tempos. Como fez isso?

Foram os hábitos de Larry — sua dedicação implacável a praticar e melhorar seu jogo. Bird foi um dos arremessadores livres mais consistentes na história da NBA. Ao crescer, tinha o hábito de praticar 500 lances livres todas as manhãs antes de ir para a escola. Com esse tipo de disciplina, Larry aproveitou ao máximo os talentos que Deus lhe deu e chutou os traseiros de alguns dos jogadores mais "talentosos" em quadra.

Assim como ele, você pode condicionar suas respostas automáticas e inconscientes para que sejam como as de um campeão desenvolvido. Este capítulo fala da escolha de compensar com disciplina, trabalho duro e bons hábitos o que lhe falta em habilidade inata. Ele fala sobre se transformar em uma criatura de hábitos campeões.

Com prática e repetição suficientes, qualquer comportamento, bom ou ruim, se torna automático com o tempo. Isso significa que, embora desenvolvamos a maioria de nossos hábitos inconscientemente (imitando nossos pais, reagindo a associações ambientais ou culturais, ou criando mecanismos de enfrentamento), podemos decidir mudá-los conscientemente. É óbvio que, já que você aprendeu cada hábito que tem, também pode desaprender os que não lhe servem mais. Está pronto? Lá vamos nós...

Comece Pensando em Se Livrar da Armadilha de Satisfação Instantânea

Sabemos que devorar guloseimas não ajudará a afinar nossa cintura. Percebemos que passar três horas por noite assistindo a *Dancing Brasil* e *NCIS — Investigação Naval* nos faz ter três horas a menos para ler um bom livro ou escutar um ótimo áudio. "Entendemos" que apenas comprar tênis de corrida muito bons não nos deixa preparados para correr uma maratona. Somos uma espécie "racional" — pelo menos, é isso que afirmamos. Então, por que somos tão irracionalmente escravizados por tantos hábitos ruins? É porque nossa necessidade de satisfação imediata pode nos transformar no mais reativo e irracional dos animais existentes.

Se você desse uma mordida em um Big Mac e imediatamente caísse no chão com a mão no peito por causa de um ataque cardíaco, provavelmente não voltaria a dar outra mordida. Se sua próxima tragada em um cigarro fizesse seu rosto mudar instanta-

HÁBITOS 57

neamente para o de alguém com 85 anos, provavelmente pararia de fumar também. Se não fizesse aquela décima ligação hoje e fosse despedido e ficasse falido no mesmo momento, de repente pegar o telefone seria algo fácil. E, se aquela primeira garfada de bolo o fizesse engordar 22kg, dizer "não, muito obrigado" para a sobremesa seria moleza.

O problema é que a recompensa ou a satisfação instantânea vinda de hábitos ruins muitas vezes supera o que acontece em sua mente racional em relação às consequências de longo prazo. Satisfazer nossos hábitos ruins não parece ter qualquer efeito negativo imediato. Você não terá um ataque cardíaco, seu rosto não ficará todo enrugado, você não irá para a fila do desemprego e suas coxas não ficarão gigantescas. Mas isso não significa que não tenha ativado o Efeito Cumulativo.

Chegou a hora de ACORDAR e perceber que os hábitos que você satisfaz podem estar acumulando desastres em sua vida repetidamente. Os ajustes mais leves em sua rotina diária podem alterar drasticamente os resultados de sua vida. Repito: não estou falando de saltos quânticos de mudança ou uma reformulação total da sua personalidade, seu caráter e sua vida. Ajustes mínimos, aparentemente irrelevantes, podem e vão revolucionar tudo.

O melhor exemplo que posso lhe dar para enfatizar o poder de pequenos ajustes é o de um avião viajando de Los Angeles para a cidade de Nova York. Se o nariz do avião estiver apenas 1% fora da rota — um ajuste quase invisível quando a aeronave está pousada em Los Angeles —, acabará cerca de 240km fora da trajetória, chegando em Albany, no norte do estado, ou em Dover, Delaware. O mesmo acontece com seus hábitos. Um único hábito ruim, que não parece muita coisa no momento, pode tirá-lo da direção dos seus objetivos e da vida que deseja. Veja a Figura 6.

A maioria das pessoas navega pela vida sem dedicar muita energia consciente a descobrir com exatidão o que quer e o que precisa fazer para chegar lá. Quero lhe mostrar como acender sua paixão e ajudá-lo a tencionar seu incontrolável poder criativo na direção dos seus sonhos e desejos mais profundos. Desenraizar hábitos ruins que se desenvolveram como carvalhos imponentes será um processo árduo e difícil; chegar ao fim desse processo requer algo maior do que a determinação mais implacável — apenas a força de vontade não dará conta.

Fig. 6

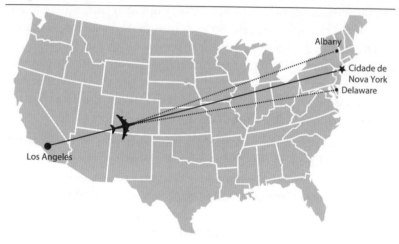

O poder dos pequenos ajustes: uma mudança de 1% na rota resulta em um desvio de trajetória de 240km.

Encontrando Seu Espírito Positivo — Seu Poder de Motivação

Supor que força de vontade é o que você precisa para mudar seus hábitos é o mesmo que manter um urso-pardo faminto longe de

HÁBITOS   59

sua cesta de piquenique cobrindo-a com uma toalha. Para lutar contra o urso dos seus hábitos ruins, é preciso de algo mais forte.

Quando você tem problemas em executar o trabalho duro para alcançar seus objetivos, é comum acreditar que isso é simplesmente falta de força de vontade. Eu discordo. Não basta escolher ter sucesso. O que manterá a consistência das novas escolhas positivas que precisa fazer? O que o impedirá de voltar aos hábitos ruins inconscientes? O que será diferente dessa vez em comparação às vezes que tentou e fracassou antes? Assim que ficar levemente desconfortável, você ficará tentado a voltar à velha rotina confortável.

Você já experimentou a força de vontade antes e fracassou. Estabeleceu resoluções e as deixou de lado. Pensou que ia perder todo o peso da última vez. Pensou que faria todas aquelas ligações de vendas no ano passado. Vamos "parar com a loucura" e fazer algo diferente para que possa obter resultados diferentes e *melhores*.

Esqueça a força de vontade. Está na hora do *poder de motivação*. Suas escolhas só são significantes quando você as conecta aos seus sonhos e desejos. As escolhas mais sábias e motivadoras são aquelas alinhadas com o que você identifica como seu propósito, seu eu principal e seus valores mais importantes. É necessário desejar algo, e saber *por que* o deseja, ou acabará desistindo com muita facilidade.

Então, qual é a sua *motivação*? Você deve ter uma razão para fazer melhorias significativas em sua vida. E para fazer com que *queira* realizar as mudanças necessárias, sua *motivação* deve ser algo incrivelmente motivante — para *você*. É preciso querer levantar e seguir, seguir, seguir, seguir, seguir — por *anos*! Então, o que o impulsiona mais? Identificar sua motivação é crucial. O que *o motiva* é a ignição da sua paixão, a fonte do seu entusiasmo e o combustível da sua persistência. É tão importante que eu fiz desse assunto o foco de outro livro, *Living Your Best Year Ever: A proven system for achieving BIG GOALS* ["Vivendo o Melhor Ano da Sua Vida: Um sistema comprovado para alcançar GRANDES OBJETIVOS", em tradução livre]. Você PRECISA conhecer sua *motivação*.

Por que Tudo É Possível?

O poder da sua motivação é o que o faz prosseguir quando as coisas estão extenuantes, tediosas e trabalhosas. Todos os *modos* de fazer as coisas serão insignificantes até que seus *motivos* sejam poderosos o bastante. A não ser que tenha estabelecido seu desejo e sua motivação, você abandonará qualquer novo caminho que buscar para melhorar sua vida. Se seu poder de *motivação* — seu desejo — não for grande o bastante, se a fortidão do seu comprometimento não tiver poder suficiente, você acabará como todas as outras pessoas que fazem resoluções de Ano-Novo e desistem rapidamente, voltando a ser como sonâmbulas fazendo escolhas ruins. Permita-me fazer uma analogia para ajudá-lo a entender:

Se eu colocasse uma tábua de 25cm de largura por 9m de comprimento no chão e falasse: "Se caminhar por toda a tábua eu lhe darei 20 pratas", você caminharia? É claro, são 20 pratas fáceis de ganhar. Mas se eu pegasse a mesma tábua e a transformasse em uma "ponte" no alto de dois prédios de 100 andares? Esse dinheiro para caminhar por uma tábua de 9m não pareceria mais tão atraente ou mesmo algo possível, não é? Você olharia para mim e diria: "Nem pensar." Veja a Figura 7.

No entanto, se o outro prédio estivesse pegando fogo e seu filho estivesse lá, você caminharia pela tábua para salvá-lo? Sem dúvidas e no mesmo momento — faria ganhando 20 reais ou não.

HÁBITOS 61

Fig. 7

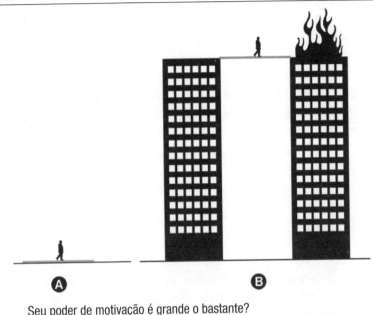

Seu poder de motivação é grande o bastante?

Por que da primeira vez que eu pedi para que caminhasse pela tábua lá no alto você disse nem pensar, mas na segunda vez nem hesitaria? Os riscos e os perigos são os mesmos. O que mudou? Sua *motivação* mudou — sua razão para querer fazer isso. Veja bem, quando a razão é grande o bastante, você estará disposto a realizar as coisas praticamente de qualquer *modo*.

Para realmente acender seu potencial criativo e impulso interior, você precisa olhar além da motivação de objetivos monetários e materiais. Não que essas motivações sejam ruins; na verdade, elas são ótimas. Eu sou um perito em coisas boas. Mas o material não consegue realmente recrutar seu coração, sua alma e seus instintos para a luta. Essa paixão precisa vir de um local mais profundo. E mesmo que você adquira o objeto brilhante, não obterá o prêmio real — felicidade e satisfação. Em minha entrevista com o especialista em máximo desempenho Anthony Robbins (*SUCCESS*, janeiro de 2009), ele disse: "Vi magnatas alcançarem seus objetivos finais, mas ainda viverem frustrados, preocupados e com medo. O que impede que essas pessoas de sucesso sejam felizes? A resposta é que eles se concentraram apenas na conquista, e não na satisfação. Uma conquista extraordinária não garante alegria, felicidade, amor e um senso de significância extraordinários. Esses dois conjuntos de habilidades alimentam um ao outro e me fazem acreditar que o sucesso sem satisfação é um fracasso."

Falou bonito. É por isso que não basta escolher ser bem-sucedido. Você precisa ir além disso para encontrar sua principal motivação, para ativar seu superpoder. Seu poder de motivação.

Motivação Principal

O ponto de acesso ao seu poder de motivação é por intermédio de seus *valores centrais*, que definem tanto quem você é quanto o que defende. Seus valores centrais são sua bússola interna, seu farol de orientação, seu GPS pessoal. Eles agem como o filtro pelo qual você passa todas as exigências, os pedidos e as tentações da vida, certificando-se de que o levem em direção ao destino pretendido. Definir seus valores centrais e calibrá-los adequadamente é um dos passos mais importantes no redirecionamento de sua vida para sua visão grandiosa.

Se ainda não tiver valores claramente definidos, poderá se ver fazendo escolhas que estão em desacordo com o que deseja. Se, por exemplo, a honestidade for algo importante para você, mas suas companhias são mentirosas, há um conflito. Quando suas ações não concordam com seus valores, você acaba infeliz, frustrado e deprimido. Na verdade, os psicólogos nos dizem que nada cria mais estresse do que quando nossas ações e comportamentos não são coerentes com nossos valores.

A definição de seus valores centrais também ajuda a simplificar a vida e torná-la mais eficiente. A tomada de decisão também é facilitada quando você tem certeza de seus valores centrais. Ao enfrentar uma escolha, pergunte-se: "Isso está alinhado com meus valores centrais?" Se sim, faça. Se não, não faça e não olhe para trás. Todo desgaste e indecisão são eliminados.

Para identificar seus valores centrais, use a Avaliação de Valores Centrais na página 153, ou faça o download em www.altabooks.com.br [procure pelo título/ISBN do livro].

Encontre Sua Luta

As pessoas são motivadas por algo que querem ou por algo que não querem. O amor é uma força poderosamente motivante. O ódio também. Ao contrário do que se afirma socialmente, o ódio pode ser uma coisa boa. Odiar a doença, a injustiça, a ignorância, a complacência e assim por diante. Às vezes, identificar um inimigo pode fazer com que você saia do sério. Algumas das minhas maiores motivações, determinações e persistências vieram quando eu tinha inimigos contra quem lutar. As histórias e revoluções políticas mais transformadoras do passado surgiram como resultado da luta contra um inimigo. Davi tinha Golias. Os Estados Unidos tinham os britânicos. Luke tinha Darth Vader. Rocky tinha Apollo Creed. Jovens de 20 e poucos anos têm "O Cara". Rush Limbaugh tem os liberais. Lance Armstrong tem o câncer. A Apple tem a Microsoft. A Microsoft tem a Apple. Poderíamos continuar, mas você entendeu a ideia.

Os inimigos nos dão uma razão para ter coragem. A obrigação de lutar desafia nossas habilidades, caráter e determinação. Força-nos a avaliar e exercitar talentos e habilidades. Sem uma luta motivadora, podemos ficar gordos e preguiçosos; perdemos nossa força e nosso propósito.

64   O EFEITO CUMULATIVO

Alguns dos meus clientes de mentoria se preocupam por seus poderes de motivação serem derivados de objetivos pouco nobres. Sentem-se culpados por querer provar que os outros estão errados. Ou por querer se vingar da pessoa que disse que eles não seriam nada, por querer vencer a concorrência ou por querer ter vantagem sobre um irmão que sempre foi predominante. Mas, na verdade, não importa de onde vem a motivação (contanto que ela seja legal e moral); você não precisa ficar motivado por grandes razões humanitárias. O importante é sentir-se totalmente motivado. Às vezes, essa motivação pode ajudá-lo a usar uma emoção negativa poderosa ou tentar criar um fim ainda mais poderoso e de sucesso.

Isso com certeza é verdadeiro para um dos treinadores de futebol americano mais celebrados da história, Pete Carroll. Quando destacamos Carroll na revista *SUCCESS* de setembro de 2008, ele explicou suas primeiras motivações da seguinte forma: "Quando cresci, eu era baixinho. Não conseguia fazer muita coisa porque era pequeno demais. Levei alguns anos para chegar a um patamar competitivo. Durante todo esse tempo, convivi com o fato de que era muito melhor e precisava lutar para provar isso. Eu era frustrado porque sabia que podia ser especial."

Sua necessidade de lutar acabou enfatizando sua excelência.

Nossa edição de março de 2010 da revista *SUCCESS* destacou uma entrevista com o aclamado ator Anthony Hopkins. Fiquei surpreso em saber que seu talento extraordinário e sua determinação surgiram da raiva. Hopkins admitiu ser um péssimo aluno, atormentado pela dislexia e pelo transtorno de deficit de atenção com hiperatividade antes desses diagnósticos existirem. Ele era rotulado como "criança problema".

"Fui uma fonte de preocupação para os meus pais", revelou Hopkins. "Eu não tinha um futuro aparente porque estudo e educação eram importantes, mas eu não parecia ter a habilidade de compreender o que me era ensinado. Meus primos eram todos brilhantes; eu me sentia amargo e rejeitado por toda uma sociedade e era muito deprimido."

Hopkins explorou sua raiva. Primeiro, ela o impulsionou a lutar para alcançar o sucesso fora da academia ou do atletismo. Ele descobriu que tinha um pouco de talento para atuar. Então, usou sua raiva em relação aos rótulos depreciativos que recebeu para alimentar seu comprometimento com a arte de atuar. Hoje, Hopkins é considerado um dos maiores atores ainda vivos. Como resultado da fama e fortuna que adquiriu, tem sido capaz de ajudar várias pessoas que lutam para se recuperar do abuso de substâncias, além de apoiar importantes trabalhos ambientais. Embora inicialmente não fosse baseada em uma causa "nobre", sua luta claramente valeu a pena.

Todos podemos fazer escolhas poderosas. Todos podemos retomar o controle quando não culpamos o acaso, o destino ou qualquer outra pessoa pelos nossos resultados. Fazer com que tudo mude está dentro do nosso alcance. Em vez de deixar experiências dolorosas do passado sugarem nossas energias e sabotarem nosso sucesso, podemos usá-las para alimentar uma mudança construtiva e positiva.

Objetivos

Como já mencionei, o Efeito Cumulativo está sempre em ação e sempre o levará a algum lugar. A questão é: aonde? Você pode aproveitar essa força implacável para chegar a novos patamares. Mas é preciso saber aonde quer ir. Quais objetivos, sonhos e destinos você deseja?

Quando compareci ao funeral de Paul J. Meyer, outro dos meus mentores, fui lembrado da riqueza e da diversidade de sua vida. Ele realizou, experimentou e contribuiu mais do que dezenas de pessoas juntas. Seu obituário me fez reavaliar a quantidade e o tamanho dos objetivos que estabeleci para mim mesmo. Se Paul estivesse aqui, ele nos diria: "Se você não está progredindo tanto quanto é capaz e gostaria, é simplesmente porque seus objetivos não estão claramente definidos." Uma de suas citações mais memoráveis nos lembra da importância dos objetivos: "Qualquer coisa que você imaginar vividamente, desejar ardentemente, acreditar sinceramente e agir entusiasticamente... inevitavelmente acontecerá!"

A habilidade mais responsável pela abundância em minha vida foi aprender a estabelecer e alcançar meus objetivos de maneira eficaz. Algo quase mágico acontece quando você organiza e concentra seu poder criativo em um alvo bem definido. Eu já vi isso várias vezes: os maiores empreendedores do mundo tiveram sucesso porque mapearam suas visões. Uma pessoa com uma motivação clara, atraente e incandescente sempre vencerá até o melhor dos melhores em realizar as coisas de certo *modo*.

Para descobrir onde você pode precisar acrescentar ou ajustar objetivos, faça a Avaliação de Vida na página 154, ou faça o download em www.altabooks.com.br [procure pelo título/ISBN do livro].

Como o Estabelecimento de Metas *Realmente* Funciona: O "Segredo" Misterioso Revelado

Você só enxerga, experimenta e obtém o que procura. Se não sabe o que procurar, com certeza não conseguirá nada. Somos, por natureza, criaturas em busca de objetivos. Nosso cérebro está sempre tentando alinhar nosso mundo exterior com o que vemos e esperamos em nosso mundo interior. Então, ao instruir seu cérebro a buscar as coisas que deseja, você começará a vê-las. Na verdade, o objeto do seu desejo provavelmente sempre existiu à sua volta, mas sua mente e seus olhos não estavam abertos para "enxergá-lo".

De fato, é assim que a *Lei da Atração* funciona. Não é o vodu esotérico e misterioso que parece ser. É muito mais simples e mais prática do que isso.

Somos bombardeados por milhões de pequenas informações sensoriais (visual, auditiva, física) todos os dias. Para evitarmos enlouquecer, ignoramos 99,9% delas, vendo, ouvindo e experienciando realmente apenas aquelas nas quais concentramos nossas mentes. É por isso que quando você "pensa" em alguma coisa, parece que a atrai misteriosamente para a sua vida. O fato é que, na verdade, agora só está vendo o que já estava lá. Está realmente "atraindo" essa coisa para sua vida. Ela não estava lá antes ou não estava acessível até que seus pensamentos focassem e direcionassem sua mente para vê-la.

Faz sentido para você? Não é nada misterioso; na verdade é bem lógico. Agora, com essa nova percepção, qualquer coisa que sua mente estiver pensando internamente será o seu foco e, de repente, você "enxergará" dentro desses 99,9% restantes.

Este é um exemplo bem clichê (porque é muito verdadeiro!): ao procurar um carro novo para comprar, você começa a ver aquele modelo e marca por todos os lados, certo? Repentinamente, parece que há milhares pelas ruas, ao contrário do dia anterior. Isso é verdade? É claro que não. Eles sempre estiveram lá, mas você não estava prestando atenção. Então, eles não "existiam" realmente para você até o momento em que prestou atenção neles.

Ao definir seus objetivos, você dá algo novo para seu cérebro procurar e focar. É como se desse a ele um novo par de olhos para ver todas as pessoas, circunstâncias, conversas, recursos, ideias e criatividade que o cercam. Com essa nova perspectiva (um itinerário interior), sua mente passa a combinar do lado de fora o que você mais quer do lado de dentro — seu objetivo. É simples assim. Há uma diferença profunda em como você experiencia o mundo e atrai ideias, pessoas e oportunidades para sua vida depois que define claramente seus objetivos.

Em uma de minhas entrevistas com Brian Tracy, ele falou o seguinte: "As melhores pessoas têm objetivos muito claros. Elas sabem quem são e o que querem. Colocam tudo no papel e fazem planos para alcançá-los. Pessoas fracassadas carregam seus

68   O EFEITO **CUMULATIVO**

objetivos na cabeça como bolinhas de gude em uma lata, e nós falamos que um objetivo que não é escrito é apenas uma mera fantasia. E todo mundo tem fantasias, mas essas são como balas sem pólvora. As pessoas passam a vida atirando balas de festim sem colocar objetivos no papel — e esse é o ponto inicial."

Sugiro que você reserve algum tempo *hoje* para fazer uma lista de seus objetivos mais importantes. Recomendo que considere os objetivos em todos os aspectos de sua vida, não apenas de negócios e finanças. Tenha cuidado com o alto preço de colocar foco demais em um único aspecto de sua vida excluindo todo o resto. Almeje um sucesso completo na vida — um equilíbrio em todos os aspectos da vida que sejam importantes para você: negócios, finanças, saúde e bem-estar, espiritualidade, família e relacionamentos, e estilo de vida.

Em Quem Você Precisa Se Transformar

Quando a maioria das pessoas pretende alcançar novos objetivos, elas se perguntam: "Certo, tenho meu objetivo; agora o que preciso *fazer* para alcançá-lo?" Não é uma pergunta ruim, mas também não é a primeira que deve ser abordada. A pergunta que deveríamos fazer é: "Em quem preciso me transformar?" Você provavelmente conhece algumas pessoas que parecem fazer todas as coisas certas, mas ainda não produzem os resultados desejados, não é mesmo? Por que não? Uma coisa que Jim Rohn me ensinou foi: "Se quiser ter mais, precisa se *transformar* em mais. O sucesso não é algo que você busca. Tudo o que é buscado escapará de você; é como tentar caçar borboletas. O sucesso é algo que você atrai por meio da pessoa em quem se transforma."

Quando eu entendi essa filosofia... uau! Ela revolucionou minha vida e meu crescimento pessoal. Quando estava solteiro e pronto para encontrar meu par e me casar, fiz uma longa lista das características que desejava na mulher perfeita (para mim). Preenchi mais de 40 páginas em um diário, frente e verso, descrevendo-a detalhadamente — personalidade, caráter, atributos principais, atitudes e filosofias de vida, até mesmo o tipo de família da qual veio, incluindo sua formação cultural e física, até a textura de seu cabelo. Escrevi com profundidade como nossa vida seria e o que faríamos juntos. Se na época tivesse me perguntado: "O que preciso *fazer* para encontrar e conseguir essa garota?", eu provavelmente ainda estaria em uma caça à borboleta. Mas, em vez disso, voltei à lista e considerei se eu mesmo tinha aquelas características incorporadas. Eu tinha as mesmas qualidades que esperava dela? Perguntei a mim mesmo: "Que tipo de homem uma mulher como essa procura? Em quem preciso me transformar para ser atraente para uma mulher com essa essência?"

Preenchi outras 40 páginas com todos os atributos, qualidades, comportamentos, atitudes e características que eu mesmo precisava ter. Depois, trabalhei para me transformar e alcançar aquelas qualidades. E adivinha o que aconteceu? Funcionou! Como se ela tivesse saído das páginas do meu diário e aparecido na minha frente, minha esposa, Georgia, é exatamente o que descrevi e pedi, em praticamente todos os detalhes. O segredo foi minha clareza em saber quem eu deveria ser para atrair e manter uma mulher de sua categoria, e então trabalhar para alcançar isso.

Para identificar os hábitos ruins e os novos hábitos essenciais necessários para se transformar e alcançar o que você deseja, complete a Avaliação de Hábitos na página 155, ou faça o download em www.altabooks.com.br [procure pelo título/ISBN do livro].

Comporte-se

Certo, vamos mapear seu processo para alcançar os objetivos decididos. Esse é o processo de *execução* — ou, em alguns casos, o processo de PARAR *a execução*.

O que existe entre você e seu objetivo é seu *comportamento*. Você precisa parar de fazer alguma coisa para que o Efeito Cumulativo não o leve em uma espiral descendente? O que precisa começar a fazer para mudar sua trajetória para que ela siga a direção mais benéfica? Ou seja, quais hábitos e comportamentos precisam ser excluídos e acrescentados à sua vida?

Sua vida se resume a esta fórmula:

VOCÊ → ESCOLHA + COMPORTAMENTO + HÁBITO + ACUMULAÇÃO = OBJETIVOS
(decisão) (ação) (ação repetida) (tempo)

Por isso é necessário descobrir quais comportamentos estão bloqueando o caminho que o leva ao seu objetivo e quais comportamentos o ajudarão a alcançá-lo.

Você pode achar que entende todos os seus hábitos ruins, mas aposto que está errado. Repito: é por isso que o registro é tão eficaz. O que quero dizer é, sinceramente, você sabe quantas horas de TV realmente assiste todos os dias? Quantas horas passa sintonizando novos canais ou acompanhando os objetivos e realizações de outras pessoas nas redes esportivas e de estilo de vida? Sabe quantas latas de refrigerante bebe? Ou quantas horas passa realizando "trabalho" desnecessário no computador (Facebook, leitura de fofoca online etc.)? Como enfatizei no capítulo anterior, sua primeira tarefa é ficar ciente de como se comporta. Em que momento você dormiu e desenvolveu um hábito ruim inconsciente que o desvia de sua rota?

Há pouco tempo, um executivo de sucesso com quem trabalhei em um conselho de uma organização sem fins lucrativos me contratou para ser seu mentor na melhoria de sua produtividade. Ele estava se saindo bem, mas sabia que podia otimizar seu tempo e realizar mais com uma mentoria. Fiz com que ele registrasse suas atividades por uma semana e notei algo que via com frequência: ele passava uma quantidade surpreendente de tempo vendo notícias — 45 minutos pela manhã lendo o jornal, outros 30 minutos ouvindo as notícias em sua ida matinal ao trabalho, e o mesmo tempo na volta para casa. Durante o dia de trabalho ele entrava no Yahoo! Notícias várias vezes, totalizando no mínimo 20 minutos. Quando chegava em casa, assistia aos últimos 15 minutos do jornal local enquanto cumprimentava sua família. Depois, via 30 minutos de notícias esportivas e 30 minutos do jornal das 22h antes de ir para a cama. No total, passava 3h30 vendo notícias todos os dias! Esse homem não era economista ou comerciante, nem estava envolvido em uma profissão que dependesse das últimas notícias. O tempo que gastava com jornal e noticiários no rádio e na TV excedia muito o que ele precisava para ser um eleitor informado e um membro participante da sociedade, ou mesmo para melhorar seus interesses pessoais. Na verdade, ele obtinha pouquíssimas informações valiosas por meio de suas escolhas de programas — ou melhor, de sua *falta* de escolhas. Então, por que passava quase 4h por dia consumindo esses programas? Porque era um hábito.

Sugeri que ele mantivesse sua TV e rádio desligados, cancelasse sua assinatura do jornal e configurasse seu feed de notícias para que pudesse selecionar e receber apenas aquelas que fossem importantes para o seu negócio e interesses pessoais. Isso limpou imediatamente 95% do ruído que entulhava sua mente e consumia seu tempo. Agora ele podia ler tudo o que lhe interessava em menos de 20 minutos por dia. Isso fez sobrar 45 minutos pela manhã (na ida ao trabalho) e 1 hora à noite para atividades produtivas: exercícios, escuta de material educativo e inspirador, leitura, planejamento, preparação e tempo de qualidade com a família. Ele me disse que nunca se sentiu menos estressado (notícias negativas constantes tendem a nos deixar ansiosos) e mais inspirado e focado do que agora. Uma mudança simples e pequena em um hábito, um salto gigantesco em direção ao equilíbrio e à produtividade!

72 O EFEITO CUMULATIVO

Certo, agora é a sua vez. Pegue seu caderninho e escreva seus três objetivos principais. Agora, faça uma lista dos hábitos ruins que podem estar sabotando seu progresso em cada área. *Escreva cada um deles.*

Hábitos e comportamentos nunca mentem. Se há uma discrepância entre o que você diz e o que faz, sempre acreditarei no que *faz*. Se me disser que quer ser saudável, mas está com os dedos cheios de pó de Doritos, vou acreditar no Doritos. Se disser que o desenvolvimento pessoal é uma prioridade, mas passa mais tempo jogando Xbox do que na biblioteca, vou acreditar no videogame. Se disser que é um profissional dedicado, mas estiver sempre atrasado e despreparado, seu comportamento sempre mostrará a verdade. Você diz que sua família é a principal prioridade, mas se não estiverem em sua agenda cheia, realmente não será verdade. Observe a lista de hábitos ruins que acabou de fazer. Essa é a verdade sobre quem você é. Agora pode decidir se está tudo bem ou se quer mudar alguma coisa.

Em seguida, adicione a essa lista todos os hábitos que precisa adotar que, praticados e acumulados ao longo do tempo, resultarão no glorioso alcance dos seus objetivos.

A criação dessa lista não trata de desperdiçar energia com julgamentos e arrependimentos. É uma questão de observar claramente o que você quer melhorar. Contudo, não o deixarei nesse ponto. Vamos arrancar pela raiz esses maus hábitos sabotadores e plantar outros novos, positivos e saudáveis no lugar.

Divisores de Águas: Cinco Estratégias para Eliminar Hábitos Ruins

Seus hábitos são aprendidos; portanto, podem ser desaprendidos. Se quiser levar sua vida em uma nova direção, primeiro precisa levantar as âncoras dos hábitos ruins que o têm afundado. O segredo é fortalecer tanto o seu poder de motivação a ponto de ele superar seus desejos de satisfação instantânea. E, para isso, você precisa de um novo plano. A seguir estão meus divisores de água favoritos:

1. Identifique Seus Gatilhos

Observe sua lista de hábitos ruins. Para cada um escrito, identifique o que o dispara. Descubra o que eu chamo de "Os Quatro Principais" — o "quem", o "que", o "onde" e o "quando" inerente a cada comportamento ruim. Por exemplo:

- Você tem mais propensão a exagerar na bebida quando está com determinadas pessoas?
- Existe um momento específico do dia em que *precise* comer algo doce?
- Quais emoções tendem a provocar seus piores hábitos — estresse, fadiga, raiva, nervosismo, tédio?
- Quando você experimenta essas emoções? Com quem está, onde está ou o que está fazendo?
- Quais situações fazem seus hábitos ruins surgirem — entrar no carro, o momento logo antes de revisões de desempenho, visitas aos sogros? Conferências? Ambientes sociais? A sensação de insegurança física? Prazos?
- Observe suas rotinas mais detalhadamente. O que você normalmente diz quando acorda? Quando está no intervalo do café ou do almoço? Quando chega em casa depois de um dia longo?

Mais uma vez, pegue seu caderninho e escreva seus gatilhos. Essa ação simples aumenta exponencialmente a sua consciência. Mas é claro que isso não é tudo, pois, como já discutido anteriormente, para se livrar de um hábito ruim não basta aumentar a sua consciência sobre ele.

2. Casa Limpa

Comece a esfregar. E eu estou falando literal e figurativamente. Se quer parar de beber, remova cada gota de álcool de sua casa (e da casa da praia, se tiver uma). Livre-se das taças, de qualquer utensílio sofisticado ou objeto usado ao beber, inclusive aquelas azeitonas decorativas. Se quiser parar de tomar café, livre-se da cafeteira e dê aquele saco de grãos de café gourmet para um vizinho sonolento. Se estiver tentando limitar seus gastos, reserve uma noite para cancelar todos os catálogos ou promoções que chegam em sua correspondência ou caixa de e-mail para que você não precise reunir forças para ir da porta de casa até a lixeira. Se quiser comer de maneira mais saudável, tire todas as porcarias do armário e pare de comprá-las — e não acredite no argumento de que "não é justo" negar porcarias para o restante da família só porque você não as quer na sua vida. Acredite em mim; todos se beneficiarão sem elas. Não as coloque dentro de casa e ponto-final. Livre-se de tudo o que possibilite seus maus hábitos.

3. Troque

Observe novamente sua lista de hábitos ruins. Como pode alterá-los para que sejam menos prejudiciais? É possível substituí-los por hábitos mais saudáveis ou livrar-se deles para sempre?

Todo mundo que me conhece sabe que eu amo comer um docinho depois das refeições. Se tiver sorvete em casa, esse docinho vira uma banana split com 3 bolas de sorvete e todas as coberturas (1.255 calorias). Mas eu substituí esse hábito ruim por 2 bombons Kisses da Hershey's (50 calorias). Ainda sou capaz de satisfazer minha formiga interior sem ter que gastar mais uma hora na esteira só para queimar a sobremesa.

Minha cunhada iniciou um hábito de comer porcarias salgadas e crocantes enquanto assistia à TV. Ela mastigava um saco inteiro de salgadinho com pouca consciência. Então, percebeu que gostava mesmo era da sensação de crocância em sua boca. Deci-

HÁBITOS 75

diu substituir seu mau hábito por mastigar palitos de cenoura e aipo, e floretes de brócolis. Ela obteve a mesma sensação alegre e supriu suas porções de vegetais recomendadas pelos médicos ao mesmo tempo.

Um cara que costumava trabalhar para mim tinha o hábito de beber de oito a dez latas de Coca-Cola Diet por dia (isso é um hábito RUIM!). Sugeri que ele as substituísse por água com gás com pouco sódio adicionando laranja, lima ou limão frescos. Ele fez isso por aproximadamente um mês antes de perceber que não precisava do gás e simplesmente trocou por água sem gás.

Brinque com isso e veja quais comportamentos você pode substituir, excluir ou trocar.

4. Entre com Cuidado

Moro perto do Oceano Pacífico. Sempre que entro na água, primeiro acostumo meus tornozelos, depois vou até os joelhos, então a cintura e o peito antes de mergulhar. Algumas pessoas simplesmente correm e mergulham para fazer tudo de uma vez — que bom pra elas. Isso não funciona para mim. Gosto de entrar com cuidado (provavelmente algum trauma residual da minha infância, como você verá na próxima estratégia). Para alguns de seus hábitos antigos e enraizados, pode ser mais eficaz dar pequenos passos para começar seu desenraizamento com cuidado. Você pode ter passado décadas repetindo, consolidando e fortalecendo esses hábitos, então pode ser sensato dar a si mesmo algum tempo para desvencilhá-los, um passo de cada vez.

Há alguns anos, o médico da minha esposa exigiu que ela cortasse a cafeína de sua dieta por muitos meses. Nós dois *amamos* café, então se ela tivesse que sofrer, decidi que seria justo sofrermos juntos. Primeiro, passamos para meio a meio — 50% descafeinado e 50% normal por uma semana. Depois, 100% descafeinado por mais uma semana. Então, passamos para chá Earl Grey descafeinado por uma semana, seguido de chá verde descafeinado. Demoramos um mês para conseguir, mas não sofremos em nenhum momento com abstinência de cafeína — nada de dor de cabeça, sonolência, confusão mental, nada. No entanto, se tivéssemos retirado toda a cafeína de uma vez... bem, eu tremo só de pensar.

5. Ou Mergulhe

Nem todo mundo é igual. Alguns pesquisadores descobriram que pode ser paradoxalmente mais fácil para algumas pessoas fazerem mudanças de estilo de vida se mudarem muitos hábitos ruins de uma vez só. Por exemplo, o Dr. Dean Ornish, cardiologista pioneiro, descobriu que podia reverter o avanço de doenças cardíacas das pessoas — sem medicamento ou cirurgia — com mudanças drásticas no estilo de vida. Descobriu que as pessoas muitas vezes achavam mais fácil dizer adeus a quase todos os seus hábitos ruins de uma vez só. Ele as matriculou em uma sessão de treinamento em que substituiu suas dietas ricas em colesterol e gorduras por outra com baixo teor de gorduras. O programa incluía exercícios — fazê-las sair do sofá e caminhar ou correr —, bem como técnicas de redução de estresse e outros hábitos saudáveis para o coração. Surpreendentemente, em menos de um mês, esses pacientes aprenderam a se desfazer de uma vida inteira de hábitos ruins e aceitar os novos — e, como resultado, passaram a experimentar benefícios incríveis na saúde depois de um ano. Pessoalmente, acho que essa é a exceção e não a regra, mas você terá que descobrir a estratégia que melhor funcione para si mesmo.

Quando eu era criança, minha família acampou em um local pouco conhecido chamado Lago Rollins. O lago, próximo das serras no norte da Califórnia, é alimentado pelas geleiras que derretem no topo das montanhas do Lago Tahoe. A água é ridiculamente gelada. Todos os dias em que estivemos lá, meu pai insistia para que eu fosse praticar esqui aquático no lago polar. Eu passava o dia todo silenciosamente ansioso com o pavor de entrar na água. Amava o esqui aquático; só odiava *entrar* na água. Um leve conflito de interesses, porque é claro que não havia como separar uma coisa da outra.

Papai se certificou de que eu nunca perdesse a minha vez, às vezes literalmente me jogando na água. Depois de vários segundos de uma quase hipotermia excruciante, eu sempre achava a água refrescante e rejuvenescedora. Minha expectativa de entrar na água era, de fato, pior do que a realidade de apenas mergulhar. Uma vez que meu corpo estivesse acostumado, o esqui aquático era só diversão. E, ainda assim, eu passava pelo ciclo de temor e alívio todas as vezes.

Essa experiência não é diferente de parar ou mudar um hábito repentinamente. Por um curto período, pode parecer doloroso ou, pelo menos, bem desconfortável. Mas assim como o corpo se ajusta a um ambiente diferente por meio de um processo chamado homeostase, temos uma habilidade homeostática similar para nos ajustar a mudanças de comportamento incomuns. E normalmente podemos nos regular fisiológica e psicologicamente às novas circunstâncias de modo bem rápido.

De vez em quando, entrar devagar na água não adianta. Às vezes, é preciso mergulhar. Quero que você se pergunte agora: "Onde posso começar devagar e me responsabilizar?" E: "Onde preciso dar esse grande salto? Onde estive evitando a dor e o desconforto, quando sei que, no fundo, vou me adaptar rapidamente se simplesmente for direto ao ponto?"

Um dos meus antigos sócios tem um irmão que foi um alcóolatra enxugador de cerveja, quebrador de bares e considerado a alma da festa. Ele bebia na hora do almoço, do jantar, depois do jantar e a semana toda. Um dia, ele estava em um casamento de um antigo colega de quarto da faculdade quando viu o irmão de seu amigo, que era dez anos mais velho que eles, mas parecia dez anos mais novo! Observou esse homem dançar, rir e brincar durante o casamento, exalando uma vitalidade que ele não sentia há muitos anos. Na mesma hora, tomou a decisão de que nunca mais beberia outra gota de álcool. Abruptamente, foi isso, nunca mais. E isso já faz mais de 6 anos.

Quando se trata de mudar hábitos ruins em casa, eu sou de molhar os pés primeiro. Mas em minha vida profissional, acho que mergulhar direto é muito mais eficaz. Seja para me comprometer com um novo negócio ou lidar com novos clientes, sócios ou investidores em potencial, molhar os pés geralmente não funciona. Todas as vezes eu me lembro do Lago Rollins e sei que será doloroso no início, mas em pouco tempo será revigorante e todo o desconforto temporário valerá a pena.

Execute uma Verificação de Vícios

Não estou sugerindo que corte todas as coisas "ruins" de sua vida. Com moderação, a maioria das coisas é boa. Mas como pode saber se um hábito ruim está mandando em você? Acredito em testar meus vícios. De vez em quando faço um "jejum de vícios". Escolho um deles e confiro para ter certeza de que ainda sou o macho alfa em nossa relação. Meus vícios são: café, sorvete, vinho e filmes. Já falei sobre minha obsessão por sorvete. Quando se trata de vinho, quero ter certeza de que estou aproveitando uma taça e celebrando o dia, e não afogando meu mau humor.

A cada 3 meses, escolho um vício e me abstenho por 30 dias (isso provavelmente vem da Quaresma de minha criação católica). Eu amo provar para mim mesmo que ainda estou no comando. Tente. Escolha um vício — algo que você faz com moderação, mas sabe que não contribui para seu bem maior — e leve-o a um passeio de carroça de 30 dias. Se achar realmente difícil abster-se por esse período, você pode ter encontrado um hábito que vale a pena excluir da sua vida.

Divisores de Água:
Seis Técnicas para Estabelecer Bons Hábitos

Agora que o ajudamos a eliminar os maus hábitos que o levam na direção errada, precisamos criar novas escolhas, comportamentos e, por fim, hábitos que finalmente o levarão na direção de seus maiores desejos. Eliminar um hábito ruim significa remover algo de sua rotina. Estabelecer um hábito novo e mais produtivo requer um conjunto de habilidades completamente diferente. Você está plantando a árvore, regando-a, fertilizando-a e garantindo que esteja adequadamente enraizada. Isso requer esforço, tempo e prática. A seguir, estão as minhas técnicas favoritas para estabelecer bons hábitos.

O especialista em liderança John C. Maxwell disse: "Você nunca mudará a sua vida até que mude algo que faz diariamente. O segredo do seu sucesso está em sua rotina diária." De acordo com pesquisas, são necessárias 300 instâncias de reforço positivo para transformar um novo hábito em uma prática inconsciente — isso é quase um ano de prática diária! Felizmente, como conversamos antes, sabemos que temos uma chance muito melhor de consolidar um novo hábito em nossas vidas depois de 3 semanas de foco diligente. Isso significa que, se dermos atenção especial a um novo hábito *diariamente* nas primeiras três semanas, temos uma chance muito maior de torná-lo uma prática para a vida toda.

A verdade é que você pode mudar um hábito em um segundo, ou pode ficar tentando se desfazer dele por dez longos anos. A primeira vez que toca em um fogão quente, sabe instantaneamente que nunca fará disso um hábito! O choque e a dor são tão intensos que mudam para sempre a sua consciência; você sabe que ficará consciente pelo resto da vida quando estiver próximo de fogões quentes.

O segredo é permanecer consciente. Se realmente quiser manter um bom hábito, certifique-se de prestar atenção nele pelo menos uma vez por dia, e terá muito mais chances de ter sucesso.

80 O EFEITO CUMULATIVO

1. Prepare-se para Ter Sucesso

Qualquer bom hábito precisa funcionar em sua vida e em seu estilo de vida. Se você se matricular em uma academia a 50km de distância, com certeza não irá. Se for uma pessoa com hábitos noturnos, mas a academia fechar às 18h, isso não funcionará para você. Sua academia deve ser próxima e conveniente, e deve se encaixar nos seus horários. Se quiser perder peso e comer de forma mais saudável, certifique-se de que sua geladeira e seu armário estejam abastecidos com opções saudáveis. Quer garantir que não se empanturrará de salgadinhos quando tiver aquela pontada de fome no meio do dia? Mantenha sementes e lanches saudáveis na gaveta do escritório. A coisa mais fácil de buscar quando se está com fome são carboidratos vazios. Uma estratégia é sempre ter proteínas ao alcance das mãos. Cozinho um monte de frango aos domingos e separo em porções para a semana.

Um dos hábitos mais destrutivos e que mais me distrai é meu vício em e-mails. Sério, não é para dar risada. Posso perder horas de foco todos os dias com a quantidade gigantesca de e-mails que inunda minha caixa de entrada se não ficar atento em me manter organizado e focado. Para estabelecer a disciplina do meu novo hábito de verificar e-mails apenas três vezes ao dia, desliguei todas as notificações, todas as funções de recebimento automático e desligo o programa quando não estou em um dos blocos de tempo alocados para isso. Construí muros em volta desse vórtice de tempo para não cair nele o dia todo.

2. Pense em Acrescentar, Não em Subtrair

Quando entrevistei Montel Williams para a *SUCCESS*, ele me contou sobre a dieta restrita que mantém devido à doença que o aflige, a esclerose múltipla. Montel adotou algo chamado "Princípio da Adição", e acho que essa seja uma ferramenta extremamente eficaz para todos que têm um objetivo.

HÁBITOS   81

Ele me explicou: "Não tem muito a ver com o que você tenta tirar da sua dieta, mas sim com o que *coloca* nela." Isso se tornou sua analogia para a vida. Em vez de pensar que precisa se privar ou tirar algo de sua dieta (por exemplo: "Não posso comer hambúrguer, chocolate ou laticínios"), ele pensa no que *pode* comer (por exemplo: "Hoje comerei uma salada, vegetais cozidos no vapor e figos frescos"). Ele preenche seu foco e enche sua barriga com o que pode comer, então não presta mais atenção e nem tem fome do que não pode. Em vez de focar o que precisa sacrificar, Montel pensa no que pode "acrescentar". O resultado é muito mais poderoso.

Um amigo meu queria acabar com seu mau hábito de desperdiçar muito tempo assistindo à TV. Para ajudá-lo, perguntei o que ele gostaria de fazer com três horas de tempo livre se as tivesse. Ele disse que brincaria mais com seus filhos. Também pedi que escolhesse um hobby que sempre quis explorar. Sua escolha foi a fotografia. Entusiasta tecnológico, ele saiu para comprar todo seu equipamento high-tech de edição, o qual carregou alegremente em mais saídas com a família para que pudesse tirar ótimas fotos de seus filhos. Depois, passava horas à noite editando e criando apresentações de slides e álbuns de fotos para toda a família apreciar. Eles acabaram passando mais tempo juntos, rindo e relembrando o quanto se divertiram. Como estava tão focado nos filhos e na fotografia, ele não tinha mais tempo nem vontade de sentar para assistir à TV à noite. Percebeu que esteve se distraindo porque era um escape mental fácil de seu dia de trabalho. Ao substituir a TV por seu novo hábito de brincar com seus filhos e trabalhar em seu hobby como fotógrafo, ele descobriu paixões muito mais poderosas e recompensas muito maiores.

O que você pode escolher "acrescentar" para enriquecer sua experiência de vida?

82 O EFEITO CUMULATIVO

3. Use a EPR: Exibição Pública de Responsabilidade

Imagine qualquer agente público fazendo o juramento de posse. "Juro solenemente..." e então vem o discurso de como transformará suas promessas de campanha em realidades estabelecidas. Assim que isso é registrado publicamente, ele sabe que será responsabilizado por qualquer ação que contrarie suas promessas e será elogiado por qualquer progresso em direção aos seus objetivos.

Deseja consolidar um novo hábito? Faça com que o Big Brother esteja de olho em você. Isso nunca foi tão fácil quanto agora, com todas as mídias sociais disponíveis. Ouvi falar de uma mulher que decidiu controlar suas finanças relatando cada centavo que gastava todos os dias. Ela fez com que sua família, amigos e vários colegas seguissem seus hábitos de gastos e, como resultado desses olhares inquisidores, ficou muito mais responsável e disciplinada em suas finanças.

Certa vez, ajudei uma colega de trabalho a parar de fumar contando para todo mundo na empresa: "Escutem! Zelda decidiu parar de fumar! Isso não é ótimo? Ela acabou de fumar seu último cigarro!" Então, coloquei um calendário enorme do lado de fora de seu cubículo. Todos os dias que não fumava, Zelda colocava um enorme X vermelho no calendário. Os colegas notaram e começaram a incentivá-la, e o desfile de X vermelhos começou a preencher o calendário, que ganhou vida própria. Zelda não queria desistir daquele calendário, dos colegas ou de si mesma. Mas ela desistiu de fumar!

Conte para sua família. Para seus amigos. Poste no Facebook e no Twitter. Espalhe a notícia de que há um novo xerife na cidade e que você está no comando.

4. Encontre um Colega de Sucesso

Há poucas coisas tão poderosas quanto duas pessoas unidas marchando em direção a um mesmo objetivo. Para aumentar suas probabilidades de sucesso, encontre um colega de sucesso, al-

HÁBITOS 83

guém que o responsabilizará enquanto você consolida seu novo hábito e retorna o mesmo favor. Eu, por exemplo, tenho o que chamo de "Parceiro de Máximo Desempenho". Toda sexta-feira, às 11h em ponto, fazemos uma ligação de 30 minutos na qual compartilhamos nossas vitórias, derrotas, ajustes, descobertas, solicitamos o feedback necessário e responsabilizamos um ao outro. Você pode procurar um colega de sucesso para caminhadas, corridas ou idas regulares à academia, ou para fazer encontros para discutir e trocar livros de desenvolvimento pessoal.

5. Competição & Camaradagem

Não há nada melhor que uma competição amigável para aguçar seu espírito competitivo e imergir em um novo hábito de maneira espetacular. O Dr. Mehmet Oz me disse certa vez em uma entrevista: "Se as pessoas caminhassem 1.000 passos a mais por dia, elas mudariam suas vidas." A VideoPlus, empresa mãe da *SUCCESS*, promoveu uma competição de passos usando pedômetros em sapatos para contá-los. Os funcionários foram organizados em times e competiram para ver qual equipe conseguiria acumular mais passos. Achei incrível ver que pessoas que não se exercitavam por sua própria saúde ou beneficio repentinamente começaram a caminhar 6km, 8km ou 10km por dia! Na hora do almoço, elas caminhavam no estacionamento. Se soubessem que tinham uma teleconferência, faziam-na pelo celular do lado de fora enquanto caminhavam! Por causa dessa competição, elas encontraram modos de aumentar suas atividades. Os passos de todos eram registrados e todos no escritório podiam ver quem estava relaxando e quem estava progredindo. A contagem de passos das pessoas aumentava todos os dias.

Mas quando a competição acabou, fiquei fascinado em observar que a contagem de passos foi por água abaixo — mais de 60% de diferença apenas um mês depois da competição. Quando a reorganizamos, a contagem disparou novamente. Bastava uma

84   O EFEITO **CUMULATIVO**

pequena competição para manter as pessoas com os motores acelerados — elas obtiveram um senso de comunidade maravilhoso e, além de tudo, experienciaram a camaradagem.

Que tipo de competição amigável você pode organizar com seus amigos, colegas ou parceiros de equipe? Como pode injetar uma rivalidade divertida e o espírito competitivo em seu novo hábito?

6. Comemore!

Muito trabalho e pouca diversão fazem de Jack um cara bobão, e é uma receita para o retrocesso. Deve haver um tempo para comemorar, aproveitar alguns dos frutos de suas vitórias pelo caminho. Você não pode passar por esse autossacrifício sem benefícios. É preciso encontrar pequenas recompensas para dar a si mesmo todos os meses, toda semana, todo dia — pode ser algo pequeno para reconhecer que você se manteve com um novo comportamento. Talvez tempo para si mesmo para dar uma volta, relaxar na banheira ou ler algo por diversão. Para marcos maiores, agende uma massagem ou jante em seu restaurante favorito. E prometa a si mesmo um grande pote de ouro quando alcançar o fim do arco-íris.

Mudar É Difícil: Eba!

Há algo que 99% das pessoas "fracassadas" e "bem-sucedidas" têm em comum — todas elas odeiam fazer a mesma coisa. A diferença é que as pessoas bem-sucedidas as fazem mesmo assim. Mudar é difícil. É por isso que as pessoas não transformam seus hábitos ruins, e também é por isso que tantas pessoas acabam infelizes e doentes.

No entanto, o que me anima com essa realidade é que, se mudar fosse fácil e todo mundo conseguisse, seria muito mais difícil para que eu e você nos destacássemos e nos tornássemos um sucesso extraordinário. O ordinário é fácil. O *extra*ordinário é que nos separa da multidão.

Pessoalmente, sempre fico feliz quando algo é difícil. Por quê? Porque sei que a maioria das pessoas não fará o que é preciso; portanto, será mais fácil para que eu passe à frente e lidere a multidão. Adoro o que o Dr. Martin Luther King Jr. disse com tanta eloquência: "A medida final do homem não é em que patamar ele está em momentos de conforto e conveniência, mas sim em épocas desafiadoras." Quando você persiste apesar das dificuldades, do tédio e da adversidade é que progride e avança na competição. Se é difícil, estranho ou tedioso, que seja. Apenas faça. E continue fazendo, e a mágica do Efeito Cumulativo o recompensará imensamente.

Tenha Paciência

Quando se trata de acabar com velhos hábitos ruins e começar novos, lembre-se de ter paciência consigo mesmo. Se você passou 20, 30, 40 anos ou mais repetindo os comportamentos que está tentando mudar agora, é preciso saber que isso exigirá tempo e esforço antes que veja resultados duradouros. A ciência mostra que os padrões de ações e pensamentos repetidos muitas vezes criam o que é chamado de neuroassinatura, um "ritmo cerebral", ou uma série de neurônios interconectados que carregam os padrões de pensamento de um hábito específico. A atenção alimenta o hábito. Quando damos atenção a um hábito, ativamos o ritmo cerebral, liberando os pensamentos, desejos e ações relacionados a esse hábito. Felizmente, nossos cérebros são maleáveis. Se pararmos de dar atenção aos hábitos ruins, esses ritmos enfraquecem. Quando formamos novos hábitos, aprofundamos novos ritmos com cada repetição, finalmente derrotando os antigos.

Criar hábitos novos (e gravar ritmos novos em nosso cérebro) leva tempo. Tenha paciência consigo mesmo. Se tiver uma recaída, levante-se (não se martirize!) e volte à luta. Não tem problema. Todos tropeçamos. Basta começar de novo e tentar outra estratégia; reforce seu comprometimento e sua consistência. Você receberá recompensas enormes quando persistir. Falando em recompensas, no próximo capítulo começaremos de fato a nos afastar da multidão, quando o efeito multiplicador realmente tomará forma. Com todo o esforço disciplinado aplicado desde os fundamentos dos três primeiros capítulos, é aqui que você será recompensado — e muito!

Faça o Efeito Cumulativo Trabalhar a Seu Favor

Resumo dos Passos de Ação

↗ Identifique seus três melhores hábitos — aqueles que sustentam seu objetivo mais importante.

↗ Identifique os três hábitos ruins que o desviam da trajetória do seu objetivo mais importante.

↗ Identifique três novos hábitos que você precisa desenvolver para ir em direção ao seu objetivo mais importante. Faça o download da Avaliação de Hábitos em www.altabooks.com.br [procure pelo título/ISBN do livro].

↗ Identifique sua principal motivação. Descubra o que o entusiasma e o mantém assim para alcançar grandes resultados. Faça o download da Avaliação de Valores Centrais em www.altabooks.com.br [procure pelo título/ISBN do livro].

↗ Descubra seu poder de motivação. Planeje seus objetivos impressionantes, atraentes e concisos. Faça o download da folha de objetivos em www.altabooks.com.br [procure pelo título/ISBN do livro].

CAPÍTULO 4

IMPULSO

Gostaria de apresentá-lo a um grande amigo meu. Esse amigo, também próximo de Bill Gates, Steve Jobs, Richard Branson, Michael Jordan, Lance Armstrong, Michael Phelps e todas as outras pessoas excelentes, afetará a sua vida como nenhum outro. Gostaria de apresentá-lo ao Im, ou "Grande Im", como gosto de chamá-lo. O Grande Im é, sem dúvidas, uma das forças mais poderosas e enigmáticas do sucesso. Você não consegue ver ou sentir o Im, mas sabe quando ele está presente. Não dá para contar que ele apareça em todas as ocasiões, mas quando aparece — UAU! O Grande Im o lança para a estratosfera do sucesso. E uma vez que o Im estiver ao seu lado, quase ninguém poderá alcançá-lo.

Estou animado com este capítulo. Quando implementar as ideias apresentadas a seguir, sua recompensa será mil vezes (ou mais) o que pagou por este livro. Sério, estas ideias são ÓTIMAS!

Aproveitando o Poder do Grande Im

Se recordar suas aulas de física do ensino médio (você se lembra delas, não é?), lembrará da Primeira Lei de Newton, também conhecida como a *Lei da Inércia*: um objeto em repouso tende a permanecer em repouso a não ser que uma força externa aja sobre ele. Um objeto em movimento tende a permanecer em mo-

88 O EFEITO CUMULATIVO

vimento a não ser que algo interrompa seu impulso. Em outras palavras, pessoas sedentárias tendem a permanecer sedentárias. Pessoas empreendedoras — que entram no ritmo do sucesso — continuam trabalhando duro e acabam realizando mais e mais.

Não é fácil criar impulso, mas quando conseguimos, sai da frente! Você se lembra de brincar em carrosséis quando era criança? Vários amigos se amontoavam, fazendo peso no carrossel, e cantavam enquanto você se esforçava para girá-lo. No início era lento. O primeiro passo era sempre o mais difícil — fazê-lo se mover a partir do repouso. Era necessário empurrar e puxar, fazendo caretas e gemendo, usando todo o seu corpo no esforço. Um passo, dois passos, três passos — parecia que não conseguiria. Depois de um grande e longo esforço, finalmente era capaz de obter um pouquinho de velocidade e correr ao lado dele. Embora estivesse se movendo (e seus amigos gritassem ainda mais alto), para obter a velocidade que realmente queria, era preciso continuar correndo cada vez mais rápido, puxando-o com toda a sua força. E, finalmente, sucesso! Você pulava e se juntava aos seus amigos na alegria de sentir o vento no rosto e observando o mundo exterior se transformar em cores borradas. Depois de um tempo, quando o carrossel começava a desacelerar, você saltava e corria com ele por um tempo para acelerá-lo novamente — ou podia apenas dar alguns empurrões e pular nele de volta. Uma vez que estivesse girando em um bom ritmo, o impulso tomava conta, facilitando que continuasse assim.

Adotar uma mudança é a mesma coisa. Você começa dando um pequeno passo, uma ação de cada vez. O progresso é lento, mas assim que o hábito recém-formado entrar em ação, o Grande Im se junta à festa. Seu sucesso e resultados se acumulam rapidamente. Veja a Figura 8.

Fig. 8

É preciso tempo e energia para obter o Grande Im, mas com ele o sucesso e os resultados se acumulam rapidamente.

O mesmo acontece quando um foguete é lançado. Ele usa mais combustível durante os primeiros minutos de voo do que no restante da viagem. Por quê? Porque precisa se libertar da força da gravidade. Uma vez que consegue, pode planar em órbita. O difícil é sair do chão. Seus métodos e condicionamentos antigos são como a inércia do carrossel ou a força da gravidade. Tudo quer permanecer em repouso. Será necessária muito mais energia para sair da inércia e fazer seu novo empreendimento caminhar. Mas uma vez que tiver impulso, será difícil de impedi-lo — você será praticamente invencível — mesmo que agora esteja colocando consideravelmente menos esforço enquanto recebe maiores resultados.

Já se perguntou por que pessoas de sucesso tendem a ter mais sucesso... as ricas a ficarem mais ricas... as felizes a ficarem mais felizes... as sortudas a terem mais sorte?

Elas têm Im. Coisa boa atrai coisa boa.

90 O EFEITO CUMULATIVO

Mas o impulso trabalha dos dois lados da equação — pode ser a seu favor ou contra você. Como o Efeito Cumulativo está *sempre* funcionando, os hábitos negativos, quando subestimados, podem começar a acelerar e fazê-lo mergulhar em circunstâncias e consequências "azaradas". Foi isso que nosso amigo Brad do Capítulo 1 experienciou. Ele ganhou 15kg com alguns pequenos hábitos ruins e experimentou grande estresse no trabalho e no casamento por causa do impulso negativo que esses hábitos geraram. A lei da inércia diz que objetos em repouso tendem a permanecer em repouso — esse é o Efeito Cumulativo trabalhando *contra* você. Quanto mais tempo passa sentado no sofá assistindo a *Dois Homens e Meio*, mais difícil será levantar e começar a se mexer. Então, vamos começar IMEDIATAMENTE!

Como fazer para que o Grande Im o visite? Vá caminhando em sua direção. Entre no ritmo, no "clima", fazendo tudo o que abordamos até agora:

1) Fazendo novas escolhas com base em seus objetivos e valores centrais

2) Fazendo com que essas escolhas funcionem por meio de novos comportamentos positivos

3) Repetindo essas ações saudáveis por tempo o bastante para estabelecer novos hábitos

4) Criando rotinas e ritmos em suas disciplinas diárias

5) Mantendo-se consistente por um longo período de tempo

Então, BUM! O Grande Im bate à sua porta (o que é ótimo)! E você fica praticamente invencível.

Pense no nadador Michael Phelps, que venceu 8 lendárias medalhas de ouro nas Olimpíadas de Verão de 2008 em Pequim. Como ele fez isso? Trabalhando com seu treinador, Bob Bowman, Phelps aperfeiçoou seus talentos ao longo de 12 anos. Juntos, eles criaram rotinas e ritmos, e desenvolveram uma consistência de desempenho que preparou Phelps para obter impulso na hora certa — nos Jogos Olímpicos. O relacionamento simbiótico de Phelps e Bowman é lendário devido ao seu escopo e ambição — e sua total previsibilidade. Bowman exigia tanta consistência quando se tratava de treino que uma das memórias mais vívidas de Phelps é de quando Bowman o permitiu terminar uma sessão de treinamento *15 minutos antes* para que pudesse se arrumar para um baile da escola! Isso aconteceu uma vez em 12 anos! Não é de se admirar que Phelps seja tão invencível na piscina!

Você provavelmente tem um iPod. Já pensou na evolução que possibilitou que esse pequeno dispositivo fosse parar no seu bolso? A Apple já existia muito antes de lançar o iPod. Enquanto os computadores Mac sempre tiveram seguidores extremamente leais, eles ainda constituem uma pequena fração do mercado de PCs em geral. O iPod certamente não foi o primeiro MP3 player; na verdade, a Apple entrou tarde no jogo. Mas tinha algo poderoso a seu favor: a consistência de seus esforços em manter a lealdade de seus clientes, um comprometimento inabalável com a alta qualidade, o design inovador e a facilidade de uso. Ela transformou o MP3 player em algo simples, legal, fácil de usar e o promoveu por meio de campanhas publicitárias divertidas e criativas. E funcionou! Acertou em cheio.

Mas o iPod não foi um sucesso de um dia para o outro. Em 2001, no ano de seu lançamento, a Apple passou de 30% de crescimento de receita no ano anterior para -33%. No ano seguinte, 2002, também teve um crescimento de receita negativo em -2%. Mas em 2003 viram uma mudança para 18% positivos. Houve mais crescimento em 2004, chegando a 33%. E em 2005 conseguiram o Im e BUM! A Apple foi catapultada para 68% de crescimento de receita e agora tem mais de 70% da parcela do mercado de MP3 players. Desde então, como você sabe, o Grande Im a ajudou a dominar o mercado de smartphones (com o iPhone) e de distribuição de música digital com o iTunes. Esse impulso também fez ressurgir o crescimento em seu mercado original de computadores pessoais.

92   O EFEITO CUMULATIVO

Com o Grande Im ao seu lado, eu não ficaria surpreso em vê-la expandir para outros mercados.

O Google foi um pequeno mecanismo de busca com dificuldades por um tempo; hoje também possui mais de 60% de seu mercado. O YouTube, um espaço de compartilhamento de vídeos criado em fevereiro de 2005, foi lançado oficialmente em novembro daquele mesmo ano. Mas somente quando lançaram o curta digital "Lazy Sunday", que foi ao ar originalmente no programa *Saturday Night Live*, é que um grande número de pessoas começou a acessar o YouTube para encontrá-lo. Esse vídeo se tornou viral — teve mais de 5 milhões de visualizações antes de a NBC pedir para que fosse removido. E então não tinha mais como pará-lo — o site tinha Im. Atualmente, o YouTube tem mais de 60% do mercado de vídeos! O Google se encontrou com os dois jovens fundadores do YouTube e pagou a eles US$1,65 bilhão para comprar seu Im. Uau!

O que Michael Phelps, Apple, Google e YouTube têm em comum? Eles fizeram as mesmas coisas antes e depois de conseguir impulso. Seus hábitos, disciplinas, rotinas e consistências foram as chaves que liberaram o impulso para cada um. E se tornaram *invencíveis* quando o Grande Im apareceu na festa.

O Poder da Rotina

Fracassamos com algumas de nossas melhores intenções porque não temos um sistema de execução. É essencial incorporar seus novos comportamentos e atitudes em suas rotinas mensais, semanais e diárias para afetar qualquer mudança positiva real. Uma rotina é algo que você faz todos os dias sem falta, como escovar os dentes ou colocar o cinto de segurança, para que no fim a realize de maneira inconsciente. Similar à nossa discussão na seção Hábitos, se você observar qualquer coisa que faz de modo bem-sucedido, verá que provavelmente desenvolveu uma rotina para isso. Essas rotinas amenizam os estresses da vida tornando nossas ações automáticas e eficazes. Para alcançar novos objetivos e desenvolver novos hábitos, é necessário criar novas rotinas que sustentem seus objetivos.

Quanto maior o desafio, mais rigorosa deve ser nossa rotina. Já pensou em por que os acampamentos militares são tão difíceis — onde tarefas relativamente pouco importantes, como arrumar a cama, lustrar os sapatos ou ficar em pé e atento, se tornam tão extremamente importantes? Criar rotinas para preparar soldados para o combate é o modo mais eficaz de conseguir eficiência, produtividade e desempenho confiável sob pressão intensa. As rotinas aparentemente simplistas construídas e desenvolvidas durante o treinamento básico são tão exatas que adolescentes moles, medrosos e desleixados são transformados em soldados definidos, confiantes e impulsionados pela missão em um período curto de apenas 8 a 12 semanas. Suas rotinas são tão bem ensaiadas que esses jovens soldados podem agir instintivamente com precisão em meio ao caos do combate. Esse nível intenso de treinamento e prática prepara soldados para executarem seus deveres — mesmo sob a ameaça de morte iminente.

Seus dias podem não ser tão perigosos, mas sem a criação de rotinas adequadas no cronograma, os resultados da sua vida podem ser incontroláveis e desnecessariamente difíceis. O desenvolvimento de uma rotina de disciplinas diárias previsíveis o prepara para vencer no campo de batalha da vida.

O jogador de golfe Jack Nicklaus ficou conhecido por sua rotina pré-tacada. Ele executava religiosamente a "dança" que fazia antes de cada lance, uma série de passos mentais e físicos rotineiros que o deixavam totalmente focado e pronto para a tacada. Jack começava atrás da bola e, então, escolhia um ou dois pontos intermediários entre a bola e o alvo. Enquanto caminhava e se aproximava da bola, a primeira coisa que fazia era alinhar a face de seu taco com seu alvo intermediário. Ele só posicionava os pés quando sentia que a face do taco estava devidamente enquadrada. Então, tomava posição. A partir daí, ele balançava o taco e olhava para seu alvo, depois seu alvo intermediário e o taco novamente, com uma repetição da visualização. Só depois é que ele dava a tacada.

Durante um dos torneios Major mais importantes, um psicólogo cronometrou Nicklaus do momento em que tirou o taco da sacola até o momento em que acertou a bola, e adivinha só? Em cada tacada, do 1º tee até o 18º green, o tempo da rotina de Jack supostamente *nunca* variou mais de 1 segundo. Isso é incrível! O mesmo psicólogo cronometrou Greg Norman durante seu infeliz colapso no Masters de 1996. E eis que sua rotina pré-tacada foi acelerando com o passar das rodadas. A variação da rotina atrapalhou seu ritmo e consistência; ele nunca conseguiu tomar impulso. No momento em que Norman mudou sua rotina, seu desempenho se tornou imprevisível e seus resultados, inconstantes.

Os kickers de futebol americano também valorizam suas rotinas pré-chute, que os permite entrar em sincronia com as milhares de vezes que realizaram essa mesma ação. Previsivelmente, sem uma rotina pré-chute, seu desempenho sob pressão de tempo diminui enormemente. Os pilotos de avião passam sua checklist pré-voo. Até quando já voou milhares de horas e o avião acaba de chegar com uma revisão de desempenho "perfeita" de um destino anterior, o piloto passa sua checklist pré-voo todas as vezes, sem falha. Isso não só prepara o avião, mas, o mais importante, faz o piloto se concentrar e o prepara para a performance que está por vir.

De todos os grandes empreendedores e donos de empresas com quem trabalhei, vi que, junto aos bons hábitos, cada um desenvolveu rotinas para realizar as disciplinas diárias necessárias. É o único jeito que qualquer um de nós pode regular previsivelmente nosso comportamento. Não há um atalho para isso. Uma rotina diária construída com base em bons hábitos e disciplinas separa as pessoas mais bem-sucedidas de todo o resto. Rotinas têm um poder excepcional.

Para criar rotinas lucrativas e eficazes, você deve antes decidir quais comportamentos e hábitos deseja implementar. Reserve um momento para rever seus objetivos do Capítulo 3, bem como os comportamentos que deseja acrescentar ou excluir. Agora é a sua vez de ser Jack Nicklaus e descobrir sua melhor rotina pré-tacada. Seja decidido sobre quais componentes serão usados. Uma vez estabelecida, digamos, uma rotina matinal, quero que a considere como algo inalterável até segundo aviso. Você levanta. Você faz — sem discussão. Se alguém ou alguma coisa o interromper, recomece para ancorar sua fundação para a performance que vem em seguida.

Ampare Seus Dias

O segredo para ter alta qualidade em seus empreendimentos é construir sua performance em torno de rotinas de alta qualidade. Pode ser difícil e até fútil prever ou controlar o que aparecerá no meio do seu dia de trabalho. Mas você quase sempre pode controlar como seu dia começa e termina. Eu tenho rotinas para ambos. Compartilharei os aspectos de cada uma aqui para lhe dar algumas ideias e ajudá-lo a entender melhor o poder e a importância de construir seus novos comportamentos como rotinas disciplinadas. Começando com meus objetivos em mente, planejo meus comportamentos e rotinas. Talvez compartilhando o que funciona comigo você consiga identificar estratégias que gostaria de tentar...

Hora de Levantar

Minha rotina matutina é minha preparação pré-tacada estilo Jack Nicklaus; ela me prepara para o dia todo. Como acontece todas as manhãs, já está estabelecida e não preciso pensar muito. O alarme do meu iPhone toca às 5h (confesso: às vezes toca às 5h30) e eu aperto o botão de soneca. Então, sei que tenho oito minutos.

Por que oito? Não tenho ideia, pergunte ao Steve Jobs; foi ele que programou. Nesses oito minutos, faço três coisas: primeiro, penso em todas as coisas pelas quais sou grato. Sei que preciso sintonizar minha mente à abundância. O mundo busca, age e responde a nós de maneira muito diferente quando começamos o dia com um sentimento e uma orientação à gratidão pelo que já temos. Em seguida, faço algo que parece um pouco estranho, mas envio amor para alguém. Para obter amor devemos dar amor, e uma coisa que eu quero é mais amor. Faço isso pensando em alguém, qualquer pessoa (pode ser um amigo, parente, colega de trabalho ou alguém que conheci no supermercado — não importa), e então envio amor imaginando tudo o que desejo para essa pessoa. Pode-se chamar isso de bênção ou oração; eu chamo de carta de amor mental. Em terceiro lugar, penso em meu objetivo nº 1 e decido as três coisas que farei no dia para chegar mais perto de alcançá-lo. Por exemplo, quando escrevi isto, meu objetivo nº 1 era aprofundar o amor e a intimidade no meu casamento. Todas as manhãs, planejo três coisas que posso fazer para garantir que minha esposa se sinta amada, respeitada e linda.

Quando acordo, coloco café para fazer e, enquanto ele passa, faço uma série de alongamentos por cerca de dez minutos — algo que aprendi com o Dr. Oz. Quando se levanta peso a vida inteira, como eu fiz, você acaba ficando travado. Percebi que o único jeito que conseguiria incorporar mais alongamentos à minha vida era transformá-los em uma rotina. Eu precisava descobrir onde conseguiria encaixá-los em minha agenda — e enquanto passava o café era um momento ótimo como qualquer outro.

Depois de me alongar e servir meu café, sento em minha confortável cadeira reclinável de couro, configuro um alarme de 30 minutos em meu iPhone (nem mais, nem menos) e leio algo positivo e educativo. Quando meu alarme toca, pego meu projeto mais importante e trabalho nele por uma hora de foco e esforço total, sem distrações (note que ainda não verifiquei meus e-mails). Então, todas as manhãs, às 7h, faço o que chamo de hora

IMPULSO   97

da calibração, um compromisso recorrente estabelecido em minha agenda em que reservo 15 minutos para calibrar meu dia. É a hora em que repasso meus 3 objetivos-chave de 1 ano e de 5 anos, meus principais objetivos trimestrais e o maior objetivo da semana e do mês. Então, na parte mais importante da minha hora da calibração, revejo (ou estabeleço) minhas três PMVs (Prioridades Mais Valiosas) daquele dia, perguntando a mim mesmo: "Se eu fizesse apenas três coisas hoje, quais seriam as ações que produziriam os maiores resultados para me aproximar de meus maiores objetivos?" Aí, e só depois disso, abro meus e-mails e envio uma chuva de tarefas e delegações para que o restante da minha equipe comece seu dia. Rapidamente fecho meu e-mail e começo a trabalhar em minhas PMVs.

O resto do dia pode ter milhões de formas diferentes, mas enquanto eu passar pela minha rotina matinal, a maioria das disciplinas-chave que preciso praticar são realizadas e estarei adequadamente equilibrado e preparado para ter um desempenho de nível muito mais alto do que se começasse cada dia de modo inconstante — ou pior, com um conjunto de maus hábitos.

Bons Sonhos

À noite, gosto de "fechar o caixa" — algo que aprendi na época que fui garçom em minha juventude. Antes de ir para casa, tínhamos que fechar o caixa, ou seja, entregar todas as notas fiscais, recibos de cartão de crédito e dinheiro. Tudo tinha que bater, ou teríamos grandes problemas!

É importante fechar o caixa do desempenho do seu dia. Comparado ao seu plano para o dia, como você se saiu? O que precisa encaminhar para o plano de amanhã? O que mais precisa ser acrescentado, com base no que apareceu no decorrer do dia? O que não é mais importante e precisa ser excluído? Além disso, gosto de registrar em meu diário qualquer ideia nova, momentos de compreensão, insights e estratégias. Finalmente, gosto de ler pelo menos dez páginas de um livro inspirador antes de dormir. Sei que minha mente continua a processar a última informação consumida antes de dormir, então quero focar minha atenção em algo construtivo e útil ao progresso dos meus objetivos e ambições. É isso. Tudo pode desmoronar durante o dia, mas como eu controlo seu início e fim, sei que sempre começarei e terminarei fortalecido.

Agite as coisas

De vez em quando, gosto de interromper minhas rotinas. Caso contrário, a vida fica sem graça e eu paro no tempo. Um exemplo fácil é o treino com pesos. Quando treino da mesma forma no mesmo horário, fazendo os mesmos movimentos repetitivos semana após semana, meu corpo para de mostrar resultados cumulativos. Fico entediado, perco minha paixão e o Grande Im não aparece. Por isso é importante agitar as coisas, desafiar-se de novas formas e renovar sua experiência!

Agora estou trabalhando em incluir mais aventuras em minha vida. Estabeleço objetivos semanais, mensais e anuais para fazer algo que normalmente não faço. Na maior parte do tempo não é algo muito drástico, mas coisas como ingerir alimentos diferentes, fazer uma aula, visitar um local novo ou entrar em um clube para conhecer pessoas novas. Essa mudança de local faz com que eu me sinta vivo, ajuda a recuperar minha paixão e me oferece oportunidades de novas perspectivas.

Observe suas rotinas. Se algo que costumava energizá-lo agora é tedioso ou já não gera mais os mesmos resultados poderosos, mude.

Entrando no Embalo: Descobrindo Seu Novo Ritmo

Uma vez que suas disciplinas diárias se tornaram uma rotina, faça com que a sucessão desses passos crie um ritmo. Quando suas disciplinas e ações correspondem a um ritmo regular semanal, mensal, trimestral e anual, é como se você colocasse um tapete vermelho de boas-vindas na porta da frente para o Grande Im.

É como as rodas de uma locomotiva a vapor. Não é preciso muito para evitar que se movam quando a locomotiva está parada — um bloco de madeira de 2,5cm colocado sob a roda da frente basta. É necessária uma quantidade incrível de vapor para que os pistões se movam e causem uma série de conexões que façam as rodas saírem do lugar. O processo é lento. Mas assim que o trem começa a se mover, as rodas entram em um ritmo. Se a pressão permanece consistente, o trem ganha impulso e é bom sair da frente! A 90km/h, esse trem pode atravessar uma parede de concreto de 1,5m reforçada por aço e continuar seguindo em frente. Antever seu sucesso como uma locomotiva imbatível pode ajudá-lo a manter o entusiasmo em entrar no seu próprio ritmo. Veja a Figura 9.

Fig. 9

Quando suas disciplinas e ações desenvolvem um ritmo, você recebe o Grande Im.

100   O EFEITO CUMULATIVO

Além dos meus ritmos diários, também faço planos com antecedência. Por exemplo, ao revisar meu objetivo de aprofundar o amor e a intimidade em meu casamento, projetei um cronograma de ritmo semanal, mensal e trimestral. Sei que isso não soa muito romântico. Mas talvez você tenha notado que, mesmo quando algo tem uma prioridade alta, se não incluí-lo na agenda, muitas vezes ele não acontece, não é mesmo? Certamente não com a regularidade necessária para entrar em qualquer ritmo.

Funciona assim: toda sexta-feira Georgia e eu temos nossa "noite romântica" e saímos ou fazemos algo especial juntos. Às 18h um alarme toca em nossos iPhones e não importa o que estejamos fazendo, a noite romântica começa! Todo sábado é o DF (Dia da Família) — o que significa NADA de trabalho. Basicamente, devotamos o tempo do pôr do sol na sexta-feira ao nascer do sol no domingo ao casamento e à família. Se não cria esses limites, um dia tem a tendência de se esticar para o outro. Infelizmente, em geral as pessoas que deixamos de lado são as mais importantes.

Todo domingo à noite, também às 18h, temos nossa AR (Avaliação de Relacionamento). Essa é uma prática que aprendi com os especialistas em relacionamentos Linda e Richard Eyre em uma entrevista que fiz com eles para a edição de outubro de 2009 da SUCCESS Audio Series. Durante esse tempo, discutimos as vitórias e as derrotas da semana que passou e também os ajustes que precisamos fazer em nosso relacionamento. Começamos a conversa contando um ao outro algumas das coisas que gostamos no outro durante a semana anterior — é útil começar com as coisas boas. Então, usando a ideia que aprendi em minha entrevista com Jack Canfield, perguntamos: "Em uma escala de 1 a 10 (10 sendo a melhor nota), como você classificaria nosso relacionamento essa semana?" Isso faz com que a discussão sobre vitórias e derrotas flua — minha nossa! Então conversamos sobre os ajustes que precisam ser feitos com a seguinte pergunta: "O que é preciso para que nossa experiência seja nota 10?" No final da discussão, ambos nos sentimos ouvidos e corroborados, e deixamos claras nossas observações e desejos para a semana seguinte. Esse é um processo incrível. Eu recomendo... se você tiver coragem!

Todo mês, Georgia e eu também agendamos algo único e memorável. Jim Rohn me ensinou que a vida é simplesmente uma coleção de experiências; nosso objetivo deve ser aumentar a frequência e a intensidade de experiências boas. Uma vez por mês tentamos fazer algo que crie uma delas com intensidade memorável. Pode ser dirigir até as montanhas, fazer uma caminhada ambiciosa, ir até Los Angeles para experimentar um novo restaurante sofisticado, navegar na baía — não importa. Algo fora do comum que tenha uma sensação intensificada e crie uma lembrança permanente.

A cada três meses planejamos uma folga de dois ou três dias. Gosto de fazer uma revisão trimestral de todos os meus objetivos e padrões de vida, e esse é um período ótimo para verificar mais profundamente como as coisas estão caminhando em nosso relacionamento. Depois temos nossa viagem especial de férias, além das tradições de fim de ano, nossa caminhada de Ano-Novo e o ritual para estabelecer objetivos. Veja que, uma vez que tudo isso é agendado, não é mais necessário pensar no que precisa fazer. Tudo acontece naturalmente. Criamos um ritmo que nos dá impulso.

Registrando Seu Ritmo

Quero compartilhar com você algo que criei para mim mesmo e que me ajuda a registrar o ritmo de um novo comportamento. Chamo isso de "Registro de Ritmo" e acredito que você pode achar extremamente útil.

102 O EFEITO **CUMULATIVO**

Fig. 10

Registro de Ritmo Semanal [EXEMPLO]

Comportamento/Ação	Seg	Ter	Qua	Qui	Sex	Sáb	Dom	Realizado	Objetivo	Diferença
3 ligações a mais	X			X	X			3	5	<2>
3 apresentações a mais		X		X				2	3	<1>
30 minutos de cardio		X			X			2	3	<1>
Sessões de musculação	X	X		X				3	3	☺
Ler 10 páginas de um bom livro	X	X		X	X			4	5	<1>
Ouvir 30 minutos de áudio educativo	X	X	X			X		4	5	<1>
5 litros de água		X	X	X		X	X	5	7	<2>
Café da manhã saudável	X	X		X		X		4	7	<3>
Tempo dedicado aos filhos	X			X		X		3	4	<1>
Noite romântica com a esposa					X			1	1	☺
Hora da oração/ meditação		X	X				X	3	5	<2>
Rotina de registro no diário	X		X		X	X	X	5	5	☺
							TOTAL	39	53	<14>

Compromisso é fazer o que disse que faria muito depois que o humor no qual estava quando disse isso mudou.

Início e fim: _____–_____

Se quiser beber mais água, aumentar a quantidade de passos diários ou cumprimentar sua esposa de maneira mais afetuosa — não importa qual seja o comportamento que tenha decidido ser necessário para movê-lo em direção a seu objetivo —, faça um registro para garantir que esteja estabelecendo um ritmo. Veja a Figura 10. Você pode fazer o download de uma cópia desse documento gratuitamente em www.altabooks.com.br [procure pelo título/ISBN do livro].

Os Ritmos da Vida

Quando as pessoas iniciam um novo empreendimento, quase sempre passam do limite. É claro que eu quero que você se sinta animado com o estabelecimento de um ritmo para o sucesso, mas precisa encontrar um programa que possa fazer de modo positivo e absoluto no longo prazo, sem renegociação. Não quero que pense nos ritmos que realizará essa semana, esse mês ou mesmo nos próximos 90 dias; quero que pense no que pode fazer pelo resto da vida. O Efeito Cumulativo — os resultados positivos que quer experimentar na vida — será o resultado de escolhas (e ações) inteligentes repetidas consistentemente ao longo do tempo. Você ganha quando dá os passos certos todos os dias. Mas fracassa quando exagera na dose muito cedo.

Um amigo da equipe da *SUCCESS* (que permanecerá anônimo para proteger o culpado) decidiu entrar em forma depois de ver uma foto dele que postei no Twitter. Essa foi uma grande mudança de estilo de vida. No trabalho, ele passa pelo menos 12h por dia sentado e odeia se exercitar. Antes, explicava que encontrava maneiras de evitar usar determinadas louças ou acessar arquivos que exigissem que se agachasse para pegá-los — para você ver o quanto ele era avesso a atividades físicas. Ainda assim, decidiu entrar em forma. Matriculou-se em uma academia, contratou um personal trainer e começou e treinar 2h por dia, 5 vezes por semana. Eu disse: "Richard [vamos chamá-lo assim], isso é um erro.

104 O EFEITO **CUMULATIVO**

Você não será capaz de manter esse comprometimento e acabará parando. Está fadado ao fracasso." Ele se opôs, garantindo que mudaria para sempre. Até seu treinador recomendou o esforço intenso. Ele disse: "Estou comprometido. Quero conseguir ver minha barriga de tanquinho."

"Richard, qual é seu verdadeiro objetivo?", perguntei a ele. Eu sabia que ele não planejava virar capa da *Men's Fitness*.

"Quero ficar esbelto; quero ser saudável", ele me disse. "Por quê?", perguntei. "Quero ter vitalidade. Quero viver o bastante para ver meus netos nascerem", respondeu. Essas eram suas motivações reais e significativas; Richard queria algo de longo prazo. Isso significava que não estava se inscrevendo apenas em um desafio de verão, mas em um compromisso de longo prazo com os exercícios.

"Certo", falei. "Você me convenceu. Mas está exagerando. Conseguirá fazer isso por 2 ou 3 meses e dirá: 'Não tenho 2 horas para treinar, então acho que não vou hoje.' Isso acontecerá várias vezes. Treinar 5 vezes por semana vai se transformar em 2 ou 3 e você ficará desencorajado. E logo tudo acabará. Eu sei que está realmente animado agora, então vamos fazer o seguinte: treine 2 horas por dia, 5 vezes na semana, por enquanto [é preciso muito vapor para fazer com que as rodas saiam da inércia], mas não faça isso por mais de 60 ou 90 dias. Depois, quero que diminua para 1 hora ou 1 hora e 15 minutos. Você ainda pode treinar 5 vezes por semana, mas eu provavelmente o encorajaria a ir 4 vezes. Faça isso por mais 60 ou 90 dias. Então, quero que considere 1 hora por dia por no mínimo 3 vezes por semana, 4 se estiver muito inspirado. É esse o programa no qual quero que você considere trabalhar, porque, se não fizer algo que possa manter, não fará nada."

Eu realmente precisei lutar para fazer com que Richard compreendesse isso, pois naquele momento ele estava muito ávido. Achava que seria capaz de manter sua nova rotina a vida inteira.

Para alguém que nunca se exercitava, começar a treinar 2h por dia, 5 vezes por semana, é fracasso na certa. É necessário criar um programa que possa realizar por 50 anos, não 5 semanas ou 5 meses. Não tem problema dar seu máximo por um tempo, mas precisa ver a luz no fim do túnel para poder diminuir o ritmo. É sempre possível encontrar de 45 minutos a 1 hora algumas vezes por semana, mas 2 horas, 5 vezes por semana, para fazer com que sua rotina funcione, nunca acontecerá. Lembre-se: a consistência é um componente crucial do sucesso.

O Poder da Consistência

Eu mencionei que, se há uma disciplina que me dá vantagem competitiva, é minha habilidade de ser consistente. Nada acaba com o Grande Im com mais rapidez e mais certeza do que a falta de consistência. Até mesmo pessoas boas, apaixonadas e ambiciosas com boas intenções podem não ter consistência suficiente. Mas ela é uma ferramenta poderosa que pode ser usada para alçar voo em direção aos seus objetivos.

Pense assim: se nós voássemos de Los Angeles para Manhattan, mas você decolasse e pousasse em todos os estados entre esses destinos enquanto eu voasse direto, mesmo que você fosse a 800km/h e eu a 300km/h, eu ainda o venceria com grande folga. O tempo e a energia necessários para parar e recomeçar repetidas vezes e voltar ao impulso faz com que sua viagem demore pelo menos dez vezes mais. Na verdade, é muito provável que nem chegue ao fim — o combustível (energia, motivação, crença, determinação) acabaria em determinado momento. É muito mais fácil e requer muito menos energia decolar uma vez e manter uma velocidade regular (mesmo que seja mais devagar que todo mundo) no decorrer de todo o trajeto.

A Bomba de Poço

Quando começar a pensar em relaxar suas rotinas e ritmos, considere o grande custo da inconsistência. Ela não cria a perda de uma única ação e de pequenos resultados; seu progresso sofrerá um colapso total e uma perda de impulso.

Pense em um poço com uma bomba de água manual que usa um cano para extrair água do lençol freático muitos metros abaixo da terra. Para que a água chegue até a superfície, você precisa bombear a alavanca do poço para criar a sucção que carrega a água e a faz jorrar. Veja a Figura 11.

Fig. 11

A consistência é o segredo para alcançar e manter o impulso.

Quando a maioria das pessoas começa um novo empreendimento, pegam a alavanca e começam a bombear com força. Assim como Richard com seu plano de entrar em forma, elas ficam animadas e comprometidas... bombeiam, bombeiam e bombeiam, mas depois de alguns minutos (ou semanas), quando não veem a água (resultados), desistem totalmente. Não entendem quanto tempo demora para criar o vácuo necessário para sugar a água para o cano e finalmente fazê-la jorrar no balde. Assim como o carrossel, o foguete espacial ou o motor a vapor sai da inércia, é preciso tempo, muita energia e consistência para bombear a água. A maioria das pessoas desiste, mas as pessoas inteligentes continuam a bombear.

Aquelas que perseveram e continuam bombeando a alavanca acabarão conseguindo algumas gotas de água. É aí que muitas pessoas dizem: "Você deve estar de brincadeira! Tudo isso para quê? Algumas gotas miseráveis? Pode esquecer!" Muitas pessoas jogam as mãos para os céus em derrota e desistem, mas as inteligentes persistem um pouco mais.

E é aí que a mágica acontece: se continuar bombeando, não leva muito tempo para que consiga um jato de água intenso e constante. Esse é seu sucesso! Agora que a água está fluindo, você não precisa mais bombear a alavanca com tanta força ou rapidez. Na verdade, fica mais fácil. Para manter a pressão constante, basta bombear a alavanca com *consistência*. Esse é o Efeito Cumulativo.

E o que acontece se parar de bombear por muito tempo? A água retorna ao chão e você volta ao ponto inicial. Se tentar bombear a alavanca com facilidade e consistência, não conseguirá água. O Im foi embora; a água está no fundo. A única maneira de trazê-la de volta é bombear com força de novo. É assim que a maioria de nós vive a vida, aos trancos e barrancos. Começamos um novo negócio e diminuímos as férias. Começamos uma rotina de fazer dez novas ligações de prospecção por dia, ganhamos um pouco e voltamos ao modo neutro. Ficamos animados com a rotina da "noite romântica" com nossos companheiros, mas em algumas semanas voltamos à Netflix com pipoca de micro-ondas no sofá às sextas à noite. Vejo pessoas comprarem um livro novo, se matricularem em um novo programa ou seminário e irem à loucura por algumas semanas ou meses. Depois, param e acabam de volta onde começaram. (Isso parece familiar?)

108 O EFEITO **CUMULATIVO**

Falte apenas duas semanas de qualquer coisa — treinos da academia, gestos afetuosos em relação ao seu companheiro ou ligações como parte de sua rotina de prospecção — e não perderá apenas os resultados que teria produzido nessas duas semanas. Se isso fosse tudo o que perdesse (e é o que a maioria das pessoas pensa), não haveria muitos problemas. Mas ao relaxar, mesmo que por um curto período, você acaba com o Im. Ele morre. E isso é uma tragédia.

Para ganhar a corrida, você precisa de ritmo. Seja a tartaruga. A pessoa que, com tempo suficiente, vencerá praticamente qualquer um em qualquer competição como resultado de hábitos e comportamentos positivos aplicados de maneira consistente. Isso colocará o espírito positivo de volta em seu impulso. E o manterá lá.

Fazer a escolha certa, manter os comportamentos certos, praticar hábitos perfeitos, seguir de maneira consistente e conservar o impulso é uma coisa mais fácil de falar do que fazer, especialmente no mundo dinâmico, em constante mutação e sempre desafiador que compartilhamos com bilhões de outras pessoas. No próximo capítulo, falaremos sobre as muitas influências que (principalmente sem sabermos) podem ajudar ou impedir sua habilidade de ter sucesso. Essas influências são dominantes, persuasivas e constantes. Aprenda a usá-las ou acabará perdendo por causa delas. Deixe-me mostrar como...

Faça o Efeito Cumulativo Trabalhar a Seu Favor

Resumo dos Passos de Ação

↗ Crie suas rotinas matutinas e noturnas aparadoras. Planeje uma rotina de alta qualidade previsível e à prova de falhas para sua vida.

↗ Liste três áreas da vida em que você não tem consistência suficiente. O que essa inconsistência lhe custou até agora? Faça uma declaração de se manter resoluto em seu novo comprometimento com a consistência.

↗ Em seu Registro de Ritmo, escreva meia dúzia de comportamentos-chave relevantes aos seus novos objetivos. Eles devem ser comportamentos para os quais você deseja estabelecer um ritmo e acabar criando um impulso — o Grande Im. Faça o download do Registro de Ritmo em www.altabooks.com.br [procure pelo título/ISBN do livro].

CAPÍTULO 5

INFLUÊNCIAS

Tomara que a essa altura você entenda exatamente o quanto suas escolhas são importantes. Até aquelas que parecem insignificantes, quando acumuladas, podem ter um impacto extremo na sua vida. Nós também discutimos o fato de que você é 100% responsável por sua vida. Somente você é responsável por suas escolhas e ações. Dito isso, você também deve perceber que seus comportamentos, escolhas e hábitos são influenciados por forças externas muito poderosas. A maioria de nós não está ciente do controle sutil que elas têm em nossas vidas. Para sustentar sua trajetória positiva em direção a seus objetivos, é necessário entender e dominar essas influências para que elas deem suporte à sua jornada em direção ao sucesso, em vez de desviá-la dele. Todos são afetados por três tipos de influências: informações (com o que alimenta sua mente), associações (as pessoas com quem passa seu tempo) e ambiente (seus arredores).

I. Informações: Lixo Entra, Lixo Sai

Se quer que seu corpo funcione com desempenho máximo, precisa estar atento para consumir os nutrientes de melhor qualidade e evitar porcarias tentadoras. Se quiser que seu cérebro tenha o melhor desempenho, precisa estar ainda mais atento a como o alimenta. Você está dando a ele resumos de notícias ou comédias entorpecentes? Está lendo os tabloides ou a revista *SUCCESS*? O controle das informações tem um impacto direto e mensurável em sua produtividade e resultados.

Controlar o que seu cérebro consome é especialmente difícil porque não temos consciência de muito do que absorvemos. Embora seja verdade que podemos comer sem pensar, é mais fácil prestar atenção ao que ingerimos, porque a comida não pula para dentro de nossas bocas. Precisamos de um nível extra de vigilância para evitar que nossos cérebros absorvam informações irrelevantes, contraproducentes ou completamente destrutivas. Ser seletivo e manter a guarda contra qualquer informação que possa prejudicar seu potencial criativo é uma batalha sem fim.

Seu cérebro não foi projetado para fazê-lo feliz. Ele tem apenas um objetivo: a sobrevivência. Está sempre atento aos sinais de "escassez e ataque". Seu cérebro é programado para caçar o negativo — a diminuição de recursos, o clima destrutivo, qualquer coisa que possa prejudicá-lo. Então, quando liga o rádio no caminho para o trabalho e é bombardeado por todos os relatos de roubos, incêndios, ataques, economia em declínio, seu cérebro se acende — agora ele passará o dia inteiro mastigando esse banquete de medo, preocupação e negatividade. O mesmo acontece quando sintoniza as notícias da noite depois do trabalho. Mais notícias ruins? Perfeito! Sua mente ficará aflita a noite toda.

Sem supervisão, sua mente transita no negativo, na preocupação e no medo o dia e a noite inteiros. Não somos capazes de mudar nosso DNA, mas *podemos* mudar nosso comportamento. Podemos ensinar nossas mentes a olhar além da "escassez e ataque". Como? Protegendo-a e alimentando-a. Podemos ser disciplinados e proativos sobre o que permitimos que entre nela.

Para identificar a influência que as informações e o ambiente têm sobre você, complete as Influências de Informações na página 157, ou faça o download em www.altabooks.com.br [procure pelo título/ISBN do livro].

INFLUÊNCIAS   113

Não Beba Água Suja

Na vida, você colhe o que planta. A expectativa impulsiona o processo criativo. O que espera? Qualquer coisa na qual esteja pensando. Seu processo de pensamento, a conversa na sua cabeça, é a base dos resultados que cria na vida. Então a pergunta é: *No que está pensando?* O que está influenciando e direcionando seus pensamentos? A resposta é: qualquer coisa que você se permita ver e ouvir. Essas são as informações com as quais alimenta seu cérebro. Ponto-final. Veja a Figura 12.

Sua mente é como um copo vazio: guardará qualquer coisa que for colocada nela. Quando coloca notícias sensacionalistas, manchetes lascivas, discursos inflamados de programas de debate, é como colocar água suja em seu copo. Se tiver água escura, deplorável e preocupante em seu copo, tudo o que criar será filtrado nessa confusão lamacenta, pois é nisso que estará pensando. Lixo entra, lixo sai. Toda aquela falação no rádio enquanto você dirige, sobre assassinatos, conspirações, mortes, economia e batalhas políticas, conduz seu processo de pensamento, que conduz suas expectativas, que conduz seus resultados criativos. Isso É uma notícia ruim. Mas, assim como um copo sujo, se limpá-lo com água límpida sob a torneira por tempo suficiente, ele acabará cheio de água pura e cristalina. O que é essa água cristalina? Informações e ideias positivas, inspiradoras e de suporte. Histórias de ambição, pessoas que, apesar dos desafios, estão superando obstáculos e realizando coisas sensacionais. Estratégias de sucesso, prosperidade, saúde, amor e alegria. Ideias para criar mais abundância, crescer, expandir e se tornar mais. Exemplos e histórias do que é bom, certo e possível no mundo. É por isso que trabalhamos tão duro na revista *SUCCESS*. Queremos fornecer esses exemplos, essas histórias e os aprendizados-chave que podem ser usados para melhorar sua visão de mundo, você mesmo e os resultados que cria. Também é por isso que leio algo inspirador e educativo durante 30 minutos pela manhã e à noite, e toco CDs de desenvolvimento pessoal no meu carro. Estou limpando meu copo e alimentando minha mente. Isso me dá uma vantagem em relação ao cara que acorda e antes de tudo lê o jornal, escuta as notícias no rádio em sua ida e volta do trabalho e assiste ao noticiário da noite antes de ir dormir? Com certeza! E você também pode conseguir isso.

Fig. 12

Livre-se do negativo (água suja) com ideias positivas, inspiradoras e de suporte (água limpa).

Passo 1: Monte Guarda

A não ser que decida se esconder em uma caverna ou ilha deserta, acabará com água suja em seu copo. Ela estará nos outdoors, na TV enquanto você caminha pelo aeroporto, nas manchetes gritantes dos tabloides do caixa quando vai ao mercado etc. Até seus amigos, familiares e seus próprios mantras mentais negativos podem jogar água suja no seu copo.

Mas isso não significa que não possa fazer nada para limitar sua exposição a toda essa imundície. Talvez você não possa evitar os tabloides empilhados no caixa, mas pode cancelar sua assina-

INFLUÊNCIAS   115

tura. Pode recusar-se a ouvir o rádio na ida e na volta do trabalho e colocar um CD educativo e inspirador para tocar. Pode desligar o noticiário da noite e conversar com sua família. Pode comprar um DVR e gravar apenas aqueles programas que considere realmente educativos e positivos — e pular os comerciais que visam fazê-lo sentir-se inadequado ou deficiente a não ser que compre mais porcarias.

Eu não cresci vendo muita TV; lembro-me de assistir a *Solid Gold* e *Esquadrão Classe A* (você se lembra deles?), mas a televisão não era grande parte de nossa vida familiar. De alguma forma, consegui prosperar sem ela e isso me deu uma perspectiva mais clara quando ocasionalmente assisto a um programa de TV hoje em dia. É claro que darei risada com o seriado cômico, mas depois sinto-me como se tivesse comido fast-food — inchado e mal nutrido. E não consigo me conformar com o modo como os comerciais atacam nosso psicológico, nossos medos, nossas dores, necessidades e fraquezas. Se eu passar a vida pensando que não sou o bastante como sou — que preciso comprar isso, aquilo e aquela outra coisa para ficar bem — como posso esperar criar resultados incríveis?

Estima-se que os norte-americanos (com 12 anos ou mais) passam 1.704 horas por ano assistindo à TV. Isso é uma média de 4,7 horas por dia. Passamos quase 30% de nosso tempo acordados vendo TV. Quase 33 horas por semana — mais de um dia inteiro a cada semana! É o equivalente a assistir à TV por 2 meses inteiros dos 12! NOSSA! E as pessoas ainda se perguntam por que não conseguem progredir na vida!

Faça uma Dieta de Mídia

A mídia prospera ao nos aprisionar. Você já ficou preso em um congestionamento de vários quilômetros na estrada, que o fez se atrasar, perguntando a si mesmo o que diabos estava fazendo tudo ficar parado? Certamente, ao se aproximar do motivo, não viu nada físico bloqueando o fluxo de carros; o acidente claramente aconteceu há algum tempo e desde então foi deslocado para o acostamento. A procissão a 4km/h foi criada pela curiosidade das pessoas! Agora você fica realmente irritado. Mas o que acontece quando o *seu* carro passa pelo acidente? Você desacelera, tira os olhos da estrada à sua frente e estica o próprio pescoço!

Por que pessoas boas e decentes querem ver algo trágico e grotesco? É nossa herança genética, remontando ao nosso senso pré-histórico de autopreservação. Não conseguimos evitar. Mesmo que sejamos adeptos de evitar a negatividade e tenhamos nos treinado para ser implacavelmente positivos, nossa natureza básica não consegue resistir quando se trata de sensacionalismo. Os mestres da mídia sabem disso. Eles conhecem sua natureza, muitas vezes melhor do que você mesmo. A mídia sempre usou manchetes chocantes e sensacionalistas para chamar atenção. Mas hoje, em vez de 3 redes de notícias de rádio e TV, há centenas que funcionam 24 horas por dia. Em vez de poucos jornais, há infinitos portais que chegam até nós pelos computadores e celulares. A concorrência pela sua atenção nunca foi tão sangrenta, e os manipuladores de mídias aumentam continuamente as apostas no valor do choque. Encontram mais ou menos uma dúzia das coisas mais abomináveis, escandalosas, criminosas, homicidas, desoladoras e horrendas que acontecem no mundo todos os dias e as exibem repetidamente nos jornais, nos canais de notícias e na internet. Enquanto isso, durante esse mesmo período de 24 horas, milhões de coisas maravilhosas, belas e incríveis aconteceram. Ainda assim ouvimos muito pouco sobre elas. Ao sermos programados para buscar o negativo, criamos uma demanda cada vez maior. Como as notícias positivas poderiam sequer competir com o preço dessas publicidades ou classificações?

Vamos voltar à estrada. Em vez de um acidente no acostamento, e se houvesse o pôr do sol mais deslumbrante e maravilhoso já visto? O que aconteceria com o trânsito? Eu vi isso muitas vezes. Os carros passam voando.

O grande perigo da mídia é que ela nos dá uma visão muito distorcida do mundo. Como o foco e a repetição das mensagens está no lado negativo, é nisso que nossa mente começa a acreditar. Essa visão deformada e limitada do que não funciona tem uma grave influência no seu potencial criativo. Ela pode ser incapacitante.

Meu Filtro Pessoal de Bobagens

Compartilharei o que faço para proteger minha mente. Mas já aviso: tenho uma dieta mental rigorosa. É melhor que você a ajuste para suas próprias preferências, mas este sistema tem funcionado muito bem para mim.

Como deve adivinhar, eu não assisto ou escuto *nenhum* noticiário e não leio nenhum jornal ou revista de notícias. De qualquer forma, 99% de todas as notícias são irrelevantes para minha vida pessoal ou para meus objetivos, sonhos e ambições pessoais. Configurei meu feed RSS para identificar as notícias e as atualizações da indústria que *realmente* fazem parte dos meus objetivos e interesses diretos. As notícias que me são úteis são extraídas da bagunça para que nenhuma lama escorra para meu copo de água. Enquanto a maioria das pessoas fica horas vagueando pelo lixo irrelevante que dificulta seus pensamentos e acaba com seu humor, eu obtenho as informações mais produtivas necessárias quando preciso delas, em menos de 15 minutos por dia.

Passo 2: Use a Hora de Dirigir para Si Mesmo

Não basta eliminar as informações negativas. Para seguir em uma direção positiva, você deve se livrar do que é ruim e se encher de coisas boas. Meu carro não anda sem duas coisas: gasolina e uma biblioteca permanente de CDs educativos que sempre escuto enquanto dirijo. O norte-americano comum dirige cerca de 19 mil quilômetros por ano. Isso são 300 horas de limpeza em potencial! Brian Tracy me ensinou o conceito de transformar meu carro em uma sala de aula móvel. Ele me explicou que, ouvindo CDs educativos enquanto dirijo, ganho conhecimento equivalente a dois semestres de uma matéria avançada de faculdade — por ano. Pense nisso: usando o tempo que gasta atualmente ouvindo rádio enquanto dirige, você poderia obter o equivalente a um doutorado em liderança, sucesso de vendas, criação de riqueza, excelência em relacionamentos — ou qualquer coisa que escolher. Esse comprometimento, combinado com sua rotina de leitura, é o que o separa da multidão comum — um CD, um DVD ou um livro de cada vez.

II. Associações: Quem Está Influenciando Você?

Diga-me com quem andas e te direi quem és. As pessoas com quem você se associa habitualmente são chamadas de "grupo de referência". De acordo com uma pesquisa do psicólogo social Dr. David McClelland, de Harvard, seu "grupo de referência" determina quase 95% dos seus sucessos e fracassos na vida.

Com quem você mais passa seu tempo? Quem são as pessoas que mais admira? Esses dois grupos de pessoas são exatamente iguais? Se não, por quê? Jim Rohn ensinou que nós nos tornamos a média da combinação das cinco pessoas com quem mais passamos nosso tempo. Rohn diria que podemos saber a qualidade de nossa saúde, atitude e renda apenas observando as pessoas à nossa volta. Essas pessoas com quem passamos nosso tempo determinam quais conversas dominam nossa atenção e a quais atitudes e opiniões somos regularmente expostos. No fim, começamos a comer o que elas comem, a falar como elas, ler o que leem, pensar como pensam, assistir ao que assistem, tratar as pessoas como elas as tratam e até a nos vestir como elas. O engraçado é que, com muita frequência, estamos completamente inconscientes das similaridades entre nós e nosso círculo das cinco pessoas.

INFLUÊNCIAS   119

Como podemos não estar cientes disso? Porque nossas associações não nos empurram em uma direção; elas nos cutucam levemente com o tempo. Sua influência é tão sutil que é como estar em uma boia no oceano, sentindo que estamos boiando no lugar até que olhamos para trás e percebemos a corrente suave que nos empurrou 1km ao longo da costa.

Pense nos seus amigos que pedem petiscos gordurosos ou um coquetel antes do jantar, e essa é a rotina deles. Saia com eles por tempo suficiente e você perceberá que está comendo nachos de queijo e batatas recheadas, e juntando-se a eles para mais uma cerveja ou taça de vinho para acompanhar seu ritmo. Enquanto isso, seus outros amigos pedem comida saudável e falam sobre os livros inspiradores que têm lido e suas ambições nos negócios, e você começa a assimilar seus comportamentos e hábitos. Você lê e fala sobre o que eles falam, vê os filmes que os deixam animados e vai aos lugares que eles recomendam. A influência dos seus amigos sobre você é sutil e pode ser positiva ou negativa; de qualquer forma, o impacto é incrivelmente poderoso. Cuidado! Não dá para sair com pessoas negativas e esperar ter uma vida positiva.

Então, qual *é* a média da combinação de renda, saúde ou atitudes das cinco pessoas com quem você mais passa o seu tempo? Essa resposta o assusta? Se sim, o melhor modo de aumentar seu potencial para quaisquer traços que deseje é passar a maioria do seu tempo com pessoas que já os tenham. Assim, verá o poder da influência trabalhando a seu favor em vez de contra você. Os comportamentos e atitudes que as ajudaram a obter o sucesso que você admira começarão a se tornar parte de sua rotina diária. Saia com eles por tempo suficiente e é provável que consiga resultados bem-sucedidos similares em sua vida.

Se já não fez isso, anote os nomes dessas cinco pessoas com quem mais passa seu tempo. Anote também suas principais características, tanto positivas quanto negativas. Não importa quem elas sejam. Pode ser seu companheiro, irmão, vizinho ou assistente. Agora, tire a média. Qual é a média da saúde delas, e do saldo bancário? Qual é a média de seus relacionamentos? Ao observar os resultados, pergunte-se: "Essa lista está aceitável para mim? Essa é a direção que quero seguir?"

É hora de reavaliar e dar nova prioridade às pessoas com quem passa seu tempo. Esses relacionamentos podem nutri-lo, matá-lo de fome ou prendê-lo. Agora que você começou a considerar cuidadosamente com quem passa seu tempo, vamos nos aprofundar mais um pouco. Jim Rohn me ensinou que é muito poderoso avaliar e mudar suas associações em três categorias: dissociações, associações limitadas e associações expandidas.

Para avaliar suas associações atuais, preencha o Avaliador de Associações na página 158 ou faça o download em www.altabooks.com.br [procure pelo título/ISBN do livro].

Dissociações

Você protege seus filhos contra as influências a que são expostos e pessoas com quem saem. Está ciente da influência que elas poderiam ter sobre eles e as escolhas que eles podem fazer como resultado. Acredito que esse mesmo princípio deve ser aplicado a você! Você já sabe do seguinte: talvez seja preciso se libertar de algumas pessoas. Completamente. Esse pode não ser um passo fácil de ser dado, mas é essencial. É necessário fazer a escolha difícil para não deixar mais que certas influências negativas o afetem. Determine a qualidade de vida que quer ter e, então, cerque-se de pessoas que representem e suportem essa visão.

Constantemente elimino de minha vida pessoas que se recusam a crescer e viver positivamente. Crescer e mudar suas associações é um processo eterno. Alguns podem dizer que sou muito rigoroso em relação a isso, mas gostaria de ser ainda mais. Eu tinha um relacionamento de negócios com alguém de quem gostava muito, mas quando a economia teve problemas, a maioria de suas conversas eram concentradas no quanto as coisas estavam horríveis, o quanto sua empresa estava sendo prejudicada e o quanto as coisas estavam difíceis por aí. Eu disse: "Cara, você precisa parar de trabalhar na sua apresentação do quanto a vida está ruim. Consigo ouvi-lo coletar todos os pontos de dados para reforçar suas crenças." Ele insistiu em ver tudo como mais difícil e irremediável do que realmente era e eu decidi que não deveríamos mais fazer negócios juntos.

Quando tomar a decisão de impor limites entre você e as pessoas que o deixam mal, note que elas brigarão com você — especialmente as mais próximas. Sua decisão de viver uma vida mais positiva e orientada a objetivos será um espelho das escolhas ruins delas. Você as deixará desconfortáveis e elas tentarão fazê-lo voltar ao nível em que estão. Sua resistência não significa que não o amam ou que não querem o seu bem — na verdade, não tem nada a ver com isso. Tem a ver com o medo e a culpa que sentem sobre suas próprias escolhas ruins e falta de disciplina. Apenas saiba que se libertar não será fácil.

Associações Limitadas

Há algumas pessoas com quem pode passar três horas, mas não três dias. Outras com quem pode passar três minutos, mas não três horas. Lembre-se sempre de que a influência das associações é poderosa e sutil. A pessoa com quem anda pode determinar se você diminui ou acelera o passo, literal e figurativamente. De modo similar, não é possível evitar ser tocado pelas atitudes, ações e comportamentos dominantes das pessoas com quem passa seu tempo.

122 O EFEITO COMPOSTO

Decida quanta influência pode "tolerar", com base em como essas pessoas se representam. Sei que é difícil. Precisei fazer isso em várias ocasiões, mesmo com familiares próximos. Contudo, NÃO PERMITIREI que as ações ou atitudes de outra pessoa tenham uma influência enfraquecedora sobre mim.

Tenho um vizinho que é um amigo de três minutos. Temos ótimas conversas por três minutos, mas não faríamos isso por três horas. Posso sair com um velho amigo do ensino médio por três horas, mas ele não é um cara de três dias. E, então, existem as pessoas com quem consigo sair por alguns dias, mas com quem não passaria férias prolongadas. Observe seus relacionamentos e certifique-se de que não está passando três horas com uma pessoa de três minutos.

Associações Expandidas

Acabamos de falar sobre extrair os influenciadores negativos. Enquanto faz isso, também faça *contato*. Identifique as pessoas com qualidades positivas nas áreas de vida que quer melhorar — pessoas com o sucesso financeiro e nos negócios que você deseja, a habilidade de criar filhos que quer ter, os relacionamentos pelos quais anseia, o estilo de vida que você ama. E então passe mais tempo com elas. Associe-se a organizações, negócios e centros desportivos em que essas pessoas se reúnam e faça amigos. Mais para frente, verá como eu costumava dirigir até outra cidade para ter um tempo de qualidade — com resultados fortuitos.

Eu elogio Jim Rohn no decorrer deste livro porque, tirando meu pai, Jim permanece sendo meu maior mentor e influenciador. Meu relacionamento com ele exemplifica perfeitamente uma associação expandida. Enquanto pude compartilhar algumas refeições privadas e passar um pouco de tempo com ele durante nossas entrevistas e nos bastidores antes de alguns eventos, a maioria do meu tempo com Jim foi passada escutando-o em meu carro ou lendo suas palavras na sala de casa. Passei mais

INFLUÊNCIAS 123

de mil horas obtendo instruções diretamente de Jim, e 99% delas foram por meio de livros e programas em áudio. O legal disso, independentemente da época em que esteja na vida — talvez ocupado em casa com filhos pequenos ou cuidando dos pais idosos, trabalhando longas horas com pessoas com quem tem pouco em comum ou vivendo no interior bem longe de um edifício de escritórios —, você também pode ter quase qualquer mentor que quiser se ele tiver reunido seus melhores pensamentos, histórias e ideias em livros, CDs, DVDs e podcasts. Existe uma recompensa ilimitada da qual pode extrair conhecimento. Aproveite.

Se quiser ter um relacionamento melhor, mais profundo e mais recompensador, pergunte-se: "Quem tem o tipo de relacionamento que eu quero? Como posso passar (mais) tempo com essa pessoa? Quem posso conhecer que pode me influenciar positivamente?" Deixe o brilho dela resplandecer em você. Faça amizade com a pessoa que considera a maior, a mais valente e a mais bem-sucedida de seu campo. O que ela lê? Onde almoça? Como essa associação influencia você? É possível construir essas associações expandidas inscrevendo-se em grupos de networking, no Toastmasters e em organizações similares. Encontre organizações de caridade, concertos e clubes de campo em que as pessoas às quais deseja se igualar se reúnem.

Encontre um Parceiro de Máximo Desempenho

Outra maneira de aumentar sua exposição a associações expandidas é se juntando a um parceiro de máximo desempenho, alguém igualmente comprometido a estudar e a se desenvolver pessoalmente. Essa pessoa deve ser alguém confiável, corajoso o bastante para dizer o que realmente pensa sobre você, suas atitudes e seu desempenho. Pode ser um amigo de longa data, mas também pode ser alguém que não o conhece muito bem. A ideia é obter (e dar) uma perspectiva externa imparcial e honesta.

Meu "parceiro de prestação de contas" atual é meu bom amigo Landon Taylor. Como já mencionei, fazemos uma ligação de 30 minutos toda sexta-feira para discutir nossas vitórias, derrotas, ajustes e descobertas semanais e sobre em que patamar estamos em nossos planos de desenvolvimento. A expectativa da ligação e saber que tenho que prestar contas a Landon me faz ser ainda mais comprometido no decorrer da semana.

Eu faço um registro das perdas de Landon ou de qualquer outro feedback que ele precise e me certifico de perguntar sobre isso na semana seguinte. Ele faz o mesmo por mim. Assim, ambos nos responsabilizamos. Ele pode dizer: "Certo, você estragou tudo aqui na semana passada, admitiu e se comprometeu a mudar. O que fez em relação a isso essa semana?" Vida é vida. Ambos somos executivos atarefados, mas é incrível que realmente acabamos fazendo isso toda semana sem falta. Não é fácil. Às vezes o dia passa voando e eu penso: "Ô, droga! Preciso fazer isso." Mas geralmente, no meio da ligação, penso: "Estou tão feliz por estarmos conversando!" Até ao me preparar para a ligação e ao pensar nas minhas grandes vitórias e derrotas da semana, aprendo sobre mim mesmo. Essa semana, falei a Landon: "Sabe, estou no meio de tantas coisas. Escrevendo meu livro. Percebendo e descobrindo tantas coisas, mas nenhuma delas é realmente atraente." Ele respondeu: "Que essa seja a última semana que você não me trouxe uma descoberta." Ops. "Não tente me passar a perna", disse ele. Entendido. Na verdade, eu estava passando a perna em mim mesmo ao não identificar uma coisa memorável o bastante para compartilhar.

Tenho um grande desafio para você, se estiver disposto. Quer um feedback de verdade? Encontre pessoas que se preocupem o suficiente com você a ponto de serem brutalmente honestas. Faça a elas as seguintes perguntas: "Como me faço presente para você? Quais acha que são meus pontos fortes? Em quais áreas acha que posso melhorar? Onde acha que eu me saboto? Qual é a coisa que posso parar de fazer que me seria extremamente benéfica? Qual é a coisa que deveria começar a fazer?"

INFLUÊNCIAS   125

Invista em mentoria

Paul J. Meyer é outro homem que me serviu como mentor. Paul faleceu em 2009 aos 81 anos. Sempre que penso que estava realmente realizando algumas coisas, jogando em alto nível, ia até Paul — ele era meu jeito de manter os pés no chão. O que ele realizava antes do almoço era surpreendente. Pude passar muito tempo com ele; Paul comprou uma de minhas empresas, e depois fiz um turnaround para uma das suas. Ele foi um espírito muito poderoso em minha vida.

Depois de passar algumas horas com Paul, ouvindo todos os seus planos, empreitadas e atividades, minha cabeça girava. Só de tentar dar sentido a tudo o que ele fazia eu ficava exausto. Depois de um tempo com Paul, eu sempre precisava de um cochilo! Mas minha associação com ele fez meu nível subir. Seu ritmo de caminhada era meu ritmo de corrida. Ele expandiu minhas ideias sobre o quanto eu podia brincar e o quanto podia ser ambicioso. Você precisa passar um tempo com pessoas assim!

Nunca somos bons demais para ter um mentor. Durante minha entrevista com Harvey Mackay, ele me disse: "Eu tive 20 coaches, acredite se quiser. Tenho um coach de discurso, um de escrita, um de humor, um de linguagem etc." Sempre achei interessante que a maioria das pessoas de sucesso, aquelas realmente excelentes, são as mais dispostas a contratar e pagar pelos melhores coaches e treinadores que existem. Vale a pena investir na melhoria do seu desempenho.

Encontrar e contratar um mentor não precisa ser um processo misterioso e intimidador. Quando me sentei com Ken Blanchard, ele explicou a simplicidade de contratar um mentor (*SUCCESS*, janeiro de 2010): "A primeira coisa que deve lembrar com um mentor é que não é necessário tomar muito o tempo dele. Os melhores conselhos que já recebi foram em períodos curtos, almoçando ou tomando café com alguém, contando sobre o que estou trabalhando e pedindo conselhos. Você ficará surpreso com o quanto pessoas de sucesso estão dispostas a serem mentoras de outras pessoas quando isso não consome muito o tempo delas." John Wooden reforça o ponto de que os outros desejam ser mentores (*SUCCESS*, setembro de 2008): "A mentoria é seu verdadeiro legado. É a melhor herança que pode dar aos outros. E nunca deve acabar. É por isso que você levanta todos os dias. Para ensinar e aprender." Ele foi além, explicando que a mentoria também é uma via de mão dupla. "Um indivíduo precisa estar aberto a ser orientado. É nossa responsabilidade estarmos dispostos a permitir que nossas vidas e mentes sejam tocadas, moldadas e fortalecidas pelas pessoas que nos cercam."

Desenvolva Seu Conselho Consultivo Pessoal

Como parte do meu plano de ser mais sábio, mais estratégico e operar de maneira mais eficaz, bem como expandir o tempo e a interação que tenho com líderes bem-intencionados, tenho desenvolvido um conselho consultivo na minha vida pessoal.

Selecionei a dedo uma dúzia de pessoas por suas áreas de especialidades, habilidade de pensamento criativo e/ou meu grande respeito por quem elas são. Uma vez por semana, entro em contato com algumas delas e solicito ideias, conto alguns de meus pensamentos e peço feedback e informações. Como já comecei esse processo, posso dizer que os benefícios que já recebi foram profundos — muito maiores do que eu esperava! É surpreendente o que pessoas geniais estão dispostas a compartilhar quando você demonstra um interesse sincero.

Quem deve estar no seu conselho consultivo pessoal? Busque pessoas positivas e que alcançaram o sucesso que você quer criar na sua própria vida. Lembre-se do ditado: "Nunca peça conselhos de alguém com quem não estiver disposto a trocar de lugar."

INFLUÊNCIAS   127

III. Ambiente: Mudar Sua Visão Muda Sua Perspectiva

Quando trabalhava com bens imóveis, na região leste da Baía de São Francisco, vivi e trabalhei com uma população muito limitada. Eu via os mesmos tipos de pessoas operando no mesmo nível repetidamente. Sabia que precisava encontrar um círculo elevado de associações para chegar aonde queria.

Comecei dirigindo pela baía para um dos pontos mais ricos e mais belos do planeta, Tiburon, no condado de Marin, norte de São Francisco. Se você já foi a Mônaco, essa é a aparência de Tiburon, mas muito mais exótico. É um local espetacular. Eu ia a um delicioso restaurante de frutos do mar, Sam's, no Wharf. A comida era ótima, mas, o mais importante, o restaurante era popular dentre os residentes mais abastados da área.

Além de ir ao Sam's para expandir minhas associações, eu também sentava no cais e observava a encosta. Ficava boquiaberto com as casas de milhões de dólares dependuradas no penhasco. Uma em particular sempre chamou minha atenção — uma casa de quatro andares azul com um elevador e um para-raios de baleia no topo. *Qual seria a casa perfeita?* Eu costumava me perguntar o tempo todo. *Se alguém pudesse me dar uma delas, qual eu escolheria?* A resposta era sempre a mesma — essa linda casa azul. Ela estava no local perfeito com uma vista espetacular, a melhor de todas.

Em uma manhã, na volta para casa do brunch, vi uma placa de visitação aberta ao público e pensei que seria divertido dar uma olhada. Uma placa levava a outra enquanto eu as seguia ziguezagueando pela encosta nas ruas estreitas. Finalmente alcancei o topo da colina e encontrei a casa anunciada. Quando entrei e caminhei até uma espetacular janela saliente, o mundo se abriu diante de mim — a ponta da península de Tiburon, Angel Island do outro lado da baía, Berkeley e o leste da baía, a Bay Bridge e todo o horizonte de São Francisco até a ponte Golden Gate em um panorama de 300 graus. Caminhei até a varanda e olhei em volta. De repente, percebi que essa era a casa que eu observava há anos! Era a casa azul! Assinei o contrato na hora. Minha casa dos sonhos agora era minha!

Não posso dizer que conheci alguém no Sam's que tenha mudado a minha vida. No entanto, aquele ambiente teve um efeito poderoso sobre mim. Ver aquelas casas nas montanhas alimentou minha ambição e expandiu meus sonhos. Acabei trabalhando ainda mais do que achava ser possível para realizar esses sonhos — e consegui!

O sonho em seu coração pode ser maior do que o ambiente no qual você está. Às vezes, é preciso sair desse ambiente para ver seu sonho se concretizar. É como plantar uma muda de carvalho em um vaso. Assim que ele cria raízes, seu crescimento é limitado. Ele precisa de um espaço maior para se transformar em um carvalho poderoso. E você também.

Quando falo do seu ambiente, não estou apenas me referindo a onde você mora. Estou me referindo a tudo que o cerca. Criar um ambiente positivo para apoiar seu sucesso significa limpar a bagunça da sua vida. Não apenas a física, que dificulta que você trabalhe de maneira produtiva e eficaz (embora isso também seja importante!), mas também a psíquica, de tudo o que o cerca e não funciona, tudo o que estiver danificado, tudo o que o faz se encolher. Cada coisa incompleta em sua vida exerce uma força de drenagem em você, sugando a energia da realização e do sucesso como um vampiro roubando seu sangue. Cada promessa, compromisso e acordo incompleto extrai sua força porque bloqueia seu impulso e inibe sua habilidade de seguir em frente. Tarefas incompletas continuam chamando-o para o passado para finalizá-las. Então pense no que pode completar hoje.

INFLUÊNCIAS **129**

Além disso, ao criar um ambiente para dar suporte aos seus objetivos, lembre-se de que você recebe da vida o que consegue *tolerar*. Isso é verdadeiro para todas as áreas dela — particularmente dentro de seus relacionamentos com a família, os amigos e os colegas. O que você decide tolerar também se reflete nas situações e circunstâncias da sua vida no momento. Ou seja, *você recebe da vida o que aceita e espera ser merecedor.*

Se tolera o desrespeito, será desrespeitado. Se tolera atrasos, as pessoas se atrasarão. Se tolera ser mal pago enquanto trabalha demais, isso continuará. Se tolera seu corpo acima do peso, cansado e eternamente doente, assim será.

É incrível como a vida se organizará acerca dos padrões que você estabelece para si mesmo. Algumas pessoas acham que são vítimas do comportamento dos outros, mas na verdade temos o controle de como os outros nos tratam. Proteja seu espaço emocional, mental e físico para que possa viver em paz em vez de no caos e no estresse que o mundo joga para você.

Se quiser criar uma rotina disciplinada de ritmos e consistência para que o Grande Im não só visite sua casa, mas se mude para lá, você precisa ter certeza de que seu ambiente é acolhedor e solícito para com sua transformação, realizações e desempenho em níveis de alta qualidade.

Enquanto ainda estamos falando de alta qualidade, no próximo capítulo quero ajudá-lo a pegar tudo o que aprendeu até agora e lhe dar o segredo para acelerar seus resultados. Obter maiores resultados com apenas um pouco mais de esforço pode parecer trapaça... como uma vantagem injusta. Mas quem disse que a vida é justa?

Faça o Efeito Cumulativo Trabalhar a Seu Favor

Resumo dos Passos de Ação

↗ Identifique a influência da mídia e das informações na sua vida. Determine de quais informações você precisa proteger seu copo (mente) e como o manterá regularmente cheio de informações positivas, edificantes e de suporte. Faça o download da página de Influência de Informações em www.altabooks.com.br [procure pelo título/ISBN do livro].

↗ Avalie suas associações atuais. Com quem pode precisar limitar sua associação? Ou dissociar-se totalmente? Pense em maneiras de expandir suas associações. Faça o download do Avaliador de Associações em www.altabooks.com.br [procure pelo título/ISBN do livro].

↗ Escolha um parceiro de máximo desempenho. Decida quando, com que regularidade e o que vocês responsabilizarão um ao outro e quais ideias espera que o outro traga para cada conversa.

↗ Identifique as três áreas da sua vida em que está mais concentrado em melhorar. Encontre e contrate um mentor para cada uma delas. Seus mentores podem ser pessoas que alcançaram o que você deseja e com quem terá breves conversas ou podem ser especialistas que escreveram suas ideias em livros ou as gravaram em CDs.

CAPÍTULO 6

ACELERAÇÃO

Quando morei em La Jolla, na Califórnia, para exercitar e testar minha disposição, andava 3km de bicicleta regularmente até o Monte Soledad. Há pouquíssimas coisas que se pode fazer voluntariamente que causem tanta dor e sofrimento quanto subir uma montanha íngreme de bicicleta sem parar. Há um ponto no qual você atinge seu limite e fica frente a frente com seu verdadeiro eu interior. De repente, todas as projeções e ideias que tinha sobre si mesmo somem e resta apenas a verdade nua e crua. Sua mente começa a inventar todos os tipos de álibis convenientes sobre o porquê de não haver problemas em parar. Então você encara uma das grandes questões da vida: insistir com dor mesmo e seguir em frente ou ceder e desistir?

Lance Armstrong foi capa da edição de junho de 2009 da revista *SUCCESS*. Lembro-me de ver sua primeira vitória no Tour de France. Eles haviam entrado nos estágios montanhosos e extenuantes da corrida. Os outros ciclistas subestimaram Lance, pois ele nunca fora um montanhista renomado. Durante a terceira subida de montanha com chuvas congelantes, neblina e granizo, Lance separou-se de sua equipe. Ficou isolado competindo contra os melhores montanhistas do mundo. Na subida final, os 28km de Sestriere, depois de 5h30 subindo as montanhas, todos os ciclistas estavam sofrendo. Cada um deles precisava buscar nas profundezas de suas forças e autodefinições — como persistir? A corrida se transformou em um teste de quem seria capaz de

132 O EFEITO COMPOSTO

sobreviver melhor às dificuldades e encontrar a força para continuar — quem cederia e quem não cederia.

Faltando 8km, Lance estava 32 segundos atrás dos líderes, uma eternidade ao subir uma montanha de bicicleta. Em uma curva, ele resistiu e disparou até que alcançou os dois líderes — ambos montanhistas de renome mundial. Tendo gastado quase toda a energia que tinha, Lance partiu para o ataque e conseguiu uma boa distância dos líderes. Mais tarde, disse em seu livro *Lance Armstrong: Muito mais do que um ciclista campeão — Minha jornada de volta à vida*: "Você sabe o que está acontecendo quando ganha distância e seus competidores não reagem. Eles estão sofrendo. E é quando sofrem que você os vence." Completamente exausto, com dificuldades para respirar, suas pernas e braços queimando pela fadiga, Lance continuou pedalando. Alguns tentaram, mas ninguém conseguiu alcançá-lo; simplesmente não tinham mais forças. Na linha de chegada, comemorando com as mãos para o ar, o concorrente inesperado venceu a etapa da prova e, por fim, o Tour de France.

Neste capítulo, quero falar sobre essas horas da verdade e como o Efeito Cumulativo pode ajudá-lo a chegar a novos níveis de sucesso ainda maiores — mais rápido do que imagina ser possível. Quando tiver preparado, praticado, estudado e investido o esforço exigido consistentemente, mais cedo ou mais tarde chegará à sua própria hora da verdade. Esse momento definirá quem você é e quem está se tornando. É aí que estão o crescimento e a melhoria — quando damos o passo à frente ou retrocedemos, quando subimos ao topo do pódio e conquistamos a medalha ou continuamos a aplaudir taciturnamente a vitória alheia em meio à multidão.

Também veremos como é possível fazer mais do que as pessoas esperam, acumulando ainda mais boa sorte.

Hora da Verdade

"Há um ponto em toda corrida em que o ciclista encontra seu verdadeiro oponente e entende que é ele mesmo", escreve Lance em sua autobiografia. "Em meus momentos mais dolorosos na bicicleta é que fico mais curioso e me pergunto todas as vezes como reagirei. Descobrirei meu maior ponto fraco ou buscarei meu maior ponto forte?"

Quando trabalhava com bens imóveis, chegava ao meu limite várias vezes por dia. Enquanto dirigia a uma propriedade fora do mercado, depois de ser esculachado pelo último cliente em potencial, eu começava a pensar em todos os tipos de desculpas para deixar ação de venda de lado e voltar ao escritório. Enquanto sondava uma vizinhança, cachorros rosnavam para mim ou parecia que poderia começar a chover a qualquer momento. Eu estava em meio à "hora da grana" (das 17h às 21h, fazendo chamadas frias) e muitas vezes levava uma bronca por interromper o jantar ou o programa de TV favorito de alguém. Tinha certeza de que precisava de um intervalo para ir ao banheiro ou beber um copo de água. Mas, em vez de desistir, sempre que chegava a um desses limites mentais ou emocionais, reconhecia que meus concorrentes estavam enfrentando os mesmos desafios. Eu sabia que esse era outro momento em que, se persistisse, avançaria muito em relação a eles. Esses eram momentos determinantes do sucesso e do progresso. Não era difícil, doloroso ou desafiador quando eu apenas corria com a multidão, só acompanhando mas nunca ganhando vantagem. O problema não é chegar ao limite; é o que você faz *depois* que o encontra.

Lou Holtz, famoso treinador de futebol americano, sabia que o importante era o que se fazia depois de fazer o melhor que podia para criar vitórias. Em um jogo, seu time estava perdendo de 42–0 na metade da partida. Durante o intervalo, Lou mostrou à equipe uma retrospectiva dramática de destaques de esforços extras para bloquear, atacar e recuperar a bola. Então disse aos jogadores que eles não estavam no time porque podiam dar seu melhor em todas as jogadas; todos os jogadores de todos os times podiam fazer isso. Ele disse que estavam no *seu* time por causa das habilidades de fazer aquele esforço extra crucial em cada jo-

134　O EFEITO **COMPOSTO**

gada. É o esforço extra feito depois de ter dado o seu melhor que faz a diferença. Seu time voltou do intervalo e venceu o jogo no segundo tempo. É assim que se faz.

Muhammad Ali foi um dos maiores lutadores de todos os tempos, não só por sua velocidade e agilidade, mas também por sua estratégia. Em 30 de outubro de 1974, Ali recuperou seu título de peso-pesado, superando George Foreman em uma das maiores zebras da história do boxe, que ficou conhecida como "Rumble in the Jungle". Quase ninguém, nem mesmo Howard Cosell, seu mais antigo apoiador, acreditava que o ex-campeão tinha chances de vencer. Tanto Joe Frazier quanto Ken Norton haviam derrotado Ali anteriormente, e George Foreman havia nocauteado ambos em apenas dois rounds. Qual foi a estratégia de Ali? Aproveitar a fraqueza do campeão mais jovem — sua falta de poder de perseverança. Ali sabia que, se fizesse Foreman chegar ao seu limite, poderia tirar vantagem disso. Foi então que criou a tática chamada mais tarde de "Rope-a-Dope". Ele se apoiou nas cordas cobrindo o rosto enquanto Foreman dava centenas de socos durante sete rounds. No oitavo round, Foreman já estava exausto; havia chegado ao seu limite. Foi então que Ali o derrubou com uma combinação no ringue central.

Chegar ao limite não é um obstáculo; é uma oportunidade. Durante sua segunda tentativa de vencer o Tour de France, Lance Armstrong estava mais uma vez seguindo para as montanhas. A primeira grande subida seria onde ele experienciara um acidente devastador em um dia úmido de primavera naquele mesmo ano. A queda resultou em uma concussão e uma vértebra fraturada. Agora estava chovendo novamente. Em vez de ficar preocupado ou hesitante, ele disse: "Esse clima é perfeito para o ataque, principalmente porque sei que os outros não gostam dele. Acredito que ninguém no mundo seja melhor em questão de sofrimento. É um bom dia para mim." Ele estava certo. Lance levou para casa sua segunda vitória.

Quando as condições são ótimas, as coisas são fáceis, não há distrações, ninguém interrompe, as tentações não são atraentes e nada atrapalha seu avanço; essa é a época em que a maioria das pessoas se sai bem. Somente quando as situações são difíceis, quando os problemas surgem e a tentação é grande que você prova se é digno do progresso. Como diria Jim Rohn: "Não deseje que seja fácil; deseje ser melhor."

Quando chegar ao seu limite nas disciplinas, rotinas, nos ritmos e na consistência, perceba que é aí que você se separa de seu velho eu, superando esse obstáculo e encontrando seu novo eu poderoso, triunfante e vitorioso.

Multiplicando Seus Resultados

Tenho uma oportunidade animadora para você. Falamos sobre como disciplinas e comportamentos simples se acumularão no decorrer do tempo, entregando-lhe resultados incrivelmente poderosos. E se fosse possível acelerar o processo e multiplicar seus resultados? Você teria interesse? Quero lhe mostrar como apenas um pouquinho mais de esforço pode agregar valor de maneira exponencial aos seus resultados.

Digamos que esteja fazendo musculação e seu treino exija que você faça 12 repetições com um determinado peso. Se fizer 12 repetições, terá cumprido a expectativa do seu treino. Ótimo trabalho. Permaneça consistente e, no fim, verá essa disciplina acumulada em resultados poderosos. Ainda assim, se fizer 12, mesmo que tenha chegado ao seu limite e conseguir fazer outras 3 ou 5 repetições, seu impacto nessa série será multiplicado ainda mais. Você não só adicionará algumas repetições ao treino geral. Não. Essas repetições feitas depois de atingir o máximo *multiplicarão* seus resultados. Você acabou de ultrapassar o seu máximo. As repetições anteriores apenas o fizeram chegar lá. O verdadeiro desenvolvimento acontece com o que faz *depois* de atingir seu limite.

136   O EFEITO COMPOSTO

Arnold Schwarzenegger popularizou um método de musculação chamado "The Cheating Principle" [conhecido no Brasil como "Princípio da Roubada"]. Arnold insistia na técnica perfeita. Defendia que uma vez que você alcançasse o número máximo de repetições com postura perfeita, deveria ajustar os punhos ou se inclinar para trás para recrutar outros músculos que auxiliassem os músculos ativos (roubando um pouco), permitindo que você fizesse outras cinco ou seis repetições que melhorariam significativamente os resultados daquela série. (Também é possível realizar isso com um parceiro de treino que o auxilie nas últimas repetições que você não conseguiria realizar sozinho.)

Se você corre, sabe do que estou falando. Você chega ao objetivo estipulado para o dia e está sentindo a queimação, está no seu limite, mas vai um pouco além, por um pouco mais de tempo. Esse "tempo a mais" é uma grande expansão dos seus limites. Multiplica os resultados dessa corrida.

Lembre-se do centavo mágico sobre o qual falamos no Capítulo 1, aquele que dobra de valor todos os dias, mostrando o resultado de pequenas ações acumuladas. Se esse centavo for dobrado apenas 1 vez a mais por semana durante os mesmos 31 dias, a acumulação resultará em US$171 milhões em vez de US$10 milhões. Repito: apenas um esforço extra em 4 dias e o resultado seria muito maior. É assim que funciona a matemática de fazer apenas um pouco mais do que o esperado.

Ver-se como o competidor mais durão é uma das melhores maneiras de multiplicar seus resultados. Vá além quando chegar ao limite. Outra maneira de multiplicar seus resultados é ir além do que os *outros* esperam de você — fazer mais do que "o suficiente".

Supere as Expectativas

Oprah é conhecida por usar esse princípio — indo além das expectativas de qualquer pessoa com sua generosidade e habilidade

ACELERAÇÃO **137**

de viver e trabalhar de maneira GRANDIOSA. Você se lembra de como ela lançou sua 19ª temporada em setembro de 2004? Quando falamos de Oprah, podemos esperar certo rebuliço... mas ela deixou todo mundo de queixo caído. Durante muitos dias depois da estreia, tanto a mídia quanto o resto da população só falava da abertura dessa temporada.

Vamos voltar um pouquinho no tempo... o público foi selecionado porque seus amigos e familiares haviam escrito dizendo que cada uma dessas pessoas precisava desesperadamente de um carro novo. Oprah abriu o programa chamando 11 pessoas ao palco. Ela deu um carro a cada uma delas — um Pontiac G6 2005. E então veio a surpresa: ela superou as expectativas de todos ao distribuir caixas de presentes para o restante do público dizendo que uma das caixas continha uma chave para o 12º carro. Mas quando abriram suas caixas, todas elas tinham uma chave. Ela gritou: "Todo mundo ganha um carro! Todo mundo ganha um carro!"

Enquanto esse pode ser seu exemplo mais famoso, Oprah continua a ir além de nossas expectativas em quase tudo o que faz. Em outros quadros de seu programa, ela surpreendeu uma moça de 20 anos que passou anos em lares adotivos e abrigos com uma bolsa de estudos de 4 anos para uma faculdade, uma transformação e US$10 mil em roupas. E deu US$130 mil a uma família que seria despejada de casa e cuidava temporariamente de 8 crianças, para que pagasse pela casa e a reformasse.

Neste momento, você deve estar pensando: "Sim, mas ela é a Oprah, claro que pode fazer essas coisas." Mas a verdade é que há várias outras pessoas na posição dela — com dinheiro e fama — que poderiam fazer essas coisas, mas nunca se aventuraram no reino do extraordinário. Oprah faz isso. É o que a torna Oprah. Aprenda com ela. Você pode fazer mais do que o esperado em todos os aspectos da sua vida.

Quando chegou a hora de pedir minha esposa Georgia em casamento, eu poderia ter feito o que esperavam de mim e pedir sua mão em casamento ao seu pai. Em vez disso, decidi mostrar meu grande respeito por ele e preparei meu discurso em português (pedi para que a irmã de Georgia traduzisse o que eu queria dizer). Ele entendia inglês bem o bastante, mas não se sentia totalmente confortável. Ensaiei as palavras durante todo o caminho de Los Angeles a San Diego. Entrei carregando flores e agrados, e pedi que seu pai se juntasse a nós na sala. Então, fiz meu discurso decorado. Felizmente ele disse: "Sim!"

Mas não parei por aí. Na volta, e nos dias que vieram em seguida, liguei para cada um dos CINCO irmãos de Georgia e também pedi suas bênçãos para entrar para a família. Alguns foram fáceis de convencer, outros me fizeram "merecer". O ponto é que ela me contou mais tarde que um dos aspectos mais especiais de como a pedi em casamento foi como eu havia honrado seu pai e ligado para cada um de seus irmãos (e que tinha feito sua irmã me ensinar português). Isso transformou o ato em algo extraespecial. O resultado desse esforço extra me recompensou exponencialmente.

Stuart Johnson é proprietário da empresa controladora da *SUCCESS*, a VideoPlus L.P. Ele investiu muito dinheiro e colocou uma reputação de 22 anos em jogo quando decidiu adquirir a revista *SUCCESS*, o site SUCCESS.com e outras propriedades da SUCCESS Media. Em meio a uma das situações econômicas mais desafiadoras da história recente, e com a publicação impressa vista como desfavorável, a mudança em si fora corajosa e audaciosa, mas então ele realizou muito mais do que podia ser esperado. Enquanto o novo empreendimento ainda tentava ficar de pé (tradução: ainda operava no vermelho), e seu negócio principal estava retrocedendo alguns passos, como o resto do mundo durante o tsunami econômico de 2008 e 2009 nos Estados Unidos, Stuart lançou uma fundação sem fins lucrativos dedicada a crianças. Se fosse se comprometer a ajudar a ensinar o básico do desenvolvimento pessoal ao mundo, queria ter muita certeza de que essa informação chegaria aos adolescentes. Ele lançou a SUCCESS Foundation (www.SUCCESSFoundation.org [conteúdo em inglês]). Compilou os princípios básicos da realização pes-

ACELERAÇÃO **139**

soal em um livro chamado *SUCCESS for Teens* ["SUCESSO para Adolescentes", em tradução livre] e o distribuiu *gratuitamente* por meio de parceiros responsáveis e organizações não lucrativas para ajudar a nutrir as jovens mentes.

Stuart financiou pessoalmente a administração e a gestão da SUCCESS Foundation, e pelo primeiro ano, com a ajuda de alguns bons amigos, financiou a distribuição de mais de 1 milhão de livros. Hoje esse número é muito maior e não para de crescer! Stuart já estava em um investimento pesado e de grande risco sem o fardo do financiamento da nova fundação. Mas a contribuição e a dedicação adicionais à fundação multiplicaram bastante a declaração de seu comprometimento aos parceiros em potencial, à imprensa, aos seus colegas e à sua própria equipe. Ele estava fazendo muito mais do que o esperado — e isso ficou claro.

Em que parte da vida você pode fazer mais do que o esperado quando chegar ao seu limite? Ou em que parte pode tentar surpreender? Não é necessário muito esforço, mas o pouco a mais multiplica muitas vezes seus resultados. Esteja você fazendo ligações, servindo clientes, reconhecendo sua equipe, agradecendo por seu companheiro, saindo para correr, levantando peso, planejando uma noite romântica, passando tempo com seus filhos, não importa... o que pode fazer a mais que exceda as expectativas e acelere seus resultados?

Faça o Inesperado

Sei que sou do contra por natureza. Diga-me o que todos fazem, qual é o consenso e o que é popular, e eu normalmente farei o contrário. Se todos estão fazendo zig, farei zag. Para mim, o popular é mediano, é comum. Coisas comuns entregam resultados comuns. O restaurante mais popular é o McDonald's, a bebida mais popular é a Coca-Cola, a cerveja mais popular é a Budweiser, o vinho mais popular é o Franzia (sim, aquele que vem em caixa!). Consuma essas coisas "populares" e fará parte

140 O EFEITO **COMPOSTO**

do bando mediano e comum. Mas isso é ordinário. E não há nada de errado com o ordinário. Eu só prefiro tentar chegar no extraordinário.

Por exemplo, todo mundo envia cartões de Natal. Mas, já que *todo mundo* faz isso, não é uma coisa com um grande impacto emocional, na minha opinião. Então, escolhi enviar cartões de Dia de Ação de Graças. Quantos desses você recebe? Exatamente. Isso mostra meu ponto de vista. E em vez de imprimir vários cartões de "felicitações" gerados por um computador, escrevo sentimentos pessoais à mão exprimindo o quanto sou grato pelo meu relacionamento com essa pessoa e o que ela significa para mim — mesmo esforço, mas com um impacto muito maior.

Richard Branson construiu sua carreira fazendo o inesperado. Adoro vê-lo inaugurar uma nova empresa. Cada artimanha é mais audaciosa, assustadora e inesperada do que a última. Seja voar em um balão de ar quente ao redor do mundo ou mergulhar em um tanque na Quinta Avenida em Nova York para apresentar a Virgin Cola para os Estados Unidos, Richard sempre entrega o inesperado. Ele poderia se sair bem com a esperada nota à imprensa, uma ou duas conferências com a imprensa e alguma festa elegante para encerrar o dia, mas, em vez disso, visa o surpreendente. Provavelmente deve gastar o mesmo (e às vezes ainda menos) que as outras empresas para lançar um produto; ele só faz isso em um estilo inesperado. O fator de surpresa faz uma declaração e multiplica o impacto de seus esforços.

Com frequência, o esforço extra não custa tanto dinheiro ou energia a mais. Quando vendia imóveis, todos ligavam para imóveis fora do mercado quando estes surgiam. Eu entrava em meu carro e aparecia na porta do imóvel entregando uma placa de "VENDIDO". "Pegue isto", dizia quando abriam a porta. "Você precisará dessa placa se me contratar para vender seu imóvel." Pelo preço que custava manter meu tanque cheio, eu aumentava imediata e exponencialmente minhas chances de conseguir o imóvel.

Recentemente Alex, um amigo meu, candidatou-se a um grande emprego. Ele mora na Califórnia e a vaga era em Boston. Ficou entre os 12 candidatos finais. A empresa entrevistaria os candidatos locais pessoalmente e aqueles fora da área por videoconferência. Ele me ligou perguntando se eu sabia como facilitar uma videoconferência pela internet.

"Você quer muito esse emprego?", perguntei a ele.

"É meu emprego dos sonhos", Alex me contou. "Passei 45 anos me preparando para fazer isso."

"Então pegue um avião e faça a entrevista pessoalmente", falei.

Ele respondeu: "Não é necessário. Eles pagarão a viagem para os três últimos candidatos para uma última entrevista."

"Olha só", falei para ele. "Se você quiser estar entre os três últimos candidatos, deve se destacar fazendo o inesperado. Voe para o outro lado do país agora e apareça pessoalmente. É assim que deixará claro o que quer."

Se colocar os olhos em alguma coisa, garantirei o sucesso indo para o tudo ou nada. Lanço o que chamo de campanhas "chocantes e surpreendentes". Durante essa mesma caça ao emprego, sugeri que Alex fizesse tudo o que pudesse — atacasse de todos os lados possíveis e fizesse isso implacavelmente.

"Pesquise todos os tomadores de decisão", disse a ele. "Descubra seus interesses, seus passatempos, os de seus filhos, os de seus companheiros, de seus vizinhos etc. Envie a eles livros, artigos, presentes e outros recursos que você ache que possam gostar. 'É um exagero?' Com certeza, e esse é o objetivo. Eles saberão que está tentando puxar o saco, mas apreciarão a iniciativa e a criatividade — você certamente chamará a atenção e, provavelmente, merecerá seu respeito." Depois continuei: "Pesquise todas as pessoas na organização. Pegue essa lista e passe por toda a sua rede para ver se algum conhecido conhece alguém que pode conhecer alguém nessa organização. Pesquise todos os nomes em

142 O EFEITO **COMPOSTO**

sua rede do LinkedIn. Encontre algumas pessoas pelas quais estejam conectados. Fale com elas e pergunte se podem falar bem de você. Envie presentes, bilhetes e outras coisas, e peça que entreguem essas coisas pessoalmente aos tomadores de decisão. Ligue, mande e-mail, fax, mensagens, tuítes, mantenha contato pelo Facebook etc., durante o processo. Isso pode ser excessivamente agressivo? Com certeza! Porém, descobri que você pode perder uma em cinco oportunidades por ser agressivo demais, mas consegue as outras quatro!"

Aliás, Alex não seguiu meu conselho e também não conseguiu o emprego. Não chegou nem a estar entre os três últimos candidatos. Posso dizer, sem equívocos, que ele era uma escolha muito melhor do que a contratada pela organização, mas Alex falhou em dar uma boa impressão e isso custou a ele seu emprego dos sonhos.

Faço parte da diretoria de uma empresa que precisava que um deputado assinasse uma legislação que afetaria se essa empresa poderia ou não seguir em frente com um projeto importante. Esse cara não estava cedendo, não pela questão em si, mas por causa de uma medida política na qual estava envolvido contra outros que eram publicamente a favor da questão. Em vez de fazer mais apelos fúteis para persuadi-lo, sugeri que passássemos por cima de sua autoridade e falássemos com seu chefe — a esposa. Pesquisamos nossa rede até que uma pessoa nos levou a alguém que era amiga de sua esposa. Então, esperamos por ela do lado de fora da igreja que frequentava e pedimos que essa amiga nos apresentasse. Explicamos nosso importante caso e causa, que era construir um local para ser usado depois do horário escolar em uma vizinhança empobrecida que poderia afetar as vidas de centenas de crianças se seu marido nos apoiasse. Não é preciso dizer que ele assinou na terça-feira da semana seguinte e a empresa conseguiu o projeto.

ACELERAÇÃO   143

Em nossa sociedade com deficit de atenção e saturada de propagandas, às vezes é preciso fazer o inesperado para que sua voz seja ouvida. Se tiver uma causa ou um ideal digno de atenção, faça o que for preciso, até mesmo o inesperado, para conseguir que seu caso seja ouvido. Acrescente um pouco de audácia ao seu repertório.

Seja Melhor do que o Esperado

A Invisible Children (www.InvisibleChildren.com [conteúdo em inglês]), outra ONG da qual faço parte da diretoria, ajuda a resgatar e recuperar crianças que foram sequestradas e transformadas em soldados no norte da Uganda e do Congo. Para conscientizar sobre sua causa, a entidade organizou um evento em 100 cidades chamado "The Rescue" [O Resgate, em tradução livre], em que mais de 800 mil jovens acamparam a céu aberto até que líderes proeminentes da comunidade fossem "resgatá-los", conseguindo assim sua atenção e apoio. Depois de 4 dias, todas as cidades haviam sido resgatadas, exceto uma, com pessoas como os senadores norte-americanos Ted Kennedy e John Kerry, Val Kilmer, Kristen Bell e muitas outras aparecendo nas outras 99 cidades. A última cidade a ser resgatada foi Chicago, e eles exigiam Oprah. Depois de 6 dias, Oprah ainda não havia aparecido. No $4^{\underline{o}}$ dia, organizaram uma marcha que circundou seus estúdios. No dia seguinte, fizeram uma apresentação de canto e dança que durou o dia e a noite toda. Então, no $6^{\underline{o}}$ dia, tendo tolerado o clima severo e dormido na chuva, os mais de 500 participantes cercaram seu estúdio e permaneceram em silêncio segurando seus cartazes desde as 3h30 da madrugada. Naquela manhã, Oprah passou pelas portas do Harpo Studios, falou com os fundadores da organização e convidou todo o grupo para participar de um quadro ao vivo para seus mais de 20 milhões de expectadores. Essa atenção fez com que a Invisible Children aparecesse no *Larry King Live* e em outras 232 agências de notícias — alcançando um total de

144   O EFEITO **COMPOSTO**

mais de 65 milhões de pessoas. Houve um projeto de lei passando pelo congresso norte-americano apoiando os esforços da Invisible Children em salvar essas crianças. A organização já havia feito mais do que o esperado com o evento do resgate, mas a iniciativa extra e a firmeza em capturar aquela última cidade (e a atenção de Oprah), fez com que ganhasse sua maior defensora até então, multiplicando muito seus resultados.

Encontre o limite da expectativa e então ultrapasse-o. Mesmo quando se tratar de coisas pequenas — ou talvez especialmente quando se tratar delas. Não importa qual eu ache que seja o código de vestimenta para um evento, por exemplo, sempre escolho ir no mínimo um pouco melhor do que isso. Quando não tenho certeza, sempre erro em me vestir melhor do que a ocasião exige. Simples, eu sei, mas esse é apenas um modo para tentar satisfazer meus padrões de sempre fazer e ser melhor do que o esperado.

Quando dou palestras para grandes empresas, passo uma quantidade de tempo considerável preparando/aprendendo sobre a organização, os produtos, os mercados e suas expectativas para minha palestra. Meu objetivo é sempre superar significativamente o que esperam, e faço isso por meio de uma preparação implacável. Fazer melhor do que o esperado acaba se transformando em grande parte de sua reputação. Seus resultados no mercado são multiplicados muitas vezes por sua reputação pela excelência.

Trabalhei com um CEO cuja filosofia era pagar pessoas, incluindo seus vendedores e fornecedores, com alguns dias de antecedência ao prazo final do contrato. Sempre ficava surpreso quando recebia um cheque no dia 27 do mês para o pagamento do mês subsequente. Quando perguntei a ele sobre isso, ele disse o óbvio: "É o mesmo dinheiro, mas a surpresa e a boa vontade que ele compra é imensurável — por que não?"

Essa é uma das razões de minha admiração por Steve Jobs. De todas as pessoas sensacionais que destacamos na capa da *SUCCESS*, Jobs é uma das minhas favoritas. Quaisquer que fos-

ACELERAÇÃO 145

sem suas expectativas sobre o próximo lançamento de um produto da Apple, ele sempre tentava um pouco (ou muito) mais para impressionar você. No planejamento geral, podia ser apenas uma pequena adição, mas mesmo assim, era melhor do que o esperado, multiplicava a impressão e a reação de seus clientes e ampliava sua lealdade. Em um mundo em que a maioria das coisas não satisfaz as expectativas, você pode acelerar seus resultados significativamente e se destacar da multidão fazendo melhor do que o esperado. Gosto da ousadia do que Robert Schuller nos contou em seu destaque na *SUCCESS* (dezembro de 2008): "Eu digo que nenhuma ideia vale a pena se não começar com 'Uau!'"

A Nordstrom é conhecida por seus padrões. Quando se trata de serviço de atendimento ao cliente, ela sempre luta para fazer melhor do que o esperado. A empresa ficou conhecida por receber a devolução de um item comprado há mais de um ano, sem recibo e, em alguns casos, em uma loja diferente! Por que faria isso? Porque sabe que exceder as expectativas cria confiança e lealdade nos clientes. Como resultado, desenvolveu uma reputação extraordinária que continua a chamar a atenção. Afinal de contas, estamos lembrando aqui. O *multiplicador* não para!

Desafio você a adotar essas filosofias em sua própria vida — nas disciplinas, rotinas e nos hábitos diários. Dar um pouco mais de tempo, energia ou raciocínio aos seus esforços não só melhorará seus resultados, os multiplicará. É preciso bem pouco extra para ser EXTRAordinário. Em todas as áreas da sua vida, procure oportunidades multiplicadoras nas quais possa ir um pouco além, esforçar-se um pouco mais, durar um pouco mais, preparar-se um pouco melhor e entregar um pouco mais. Onde você pode fazer mais e melhor do que o esperado? Quando pode fazer o totalmente inesperado? Encontre muitas oportunidades de surpreender e o nível e a velocidade de suas realizações o deixarão atônito... e a todos à sua volta.

Faça o Efeito Cumulativo Trabalhar a Seu Favor

Resumo dos Passos de Ação

↗ Quando você chega à sua hora da verdade (por exemplo, fazer ligações de prospecção, exercitar-se, comunicar-se com seu companheiro ou filhos)? Identifique para que saiba quando se esforçar para encontrar mais crescimento e onde você pode se destacar dos outros e de seu velho eu.

↗ Encontre três áreas da sua vida em que pode fazer algo "extra" (por exemplo, fazer mais repetições do exercício, mais ligações, reconhecimento, sentimentos de gratidão etc.).

↗ Identifique três áreas em sua vida em que pode superar as expectativas. Onde e como pode criar momentos surpreendentes?

↗ Identifique os três modos em que pode fazer o inesperado. Onde pode se diferenciar do que é comum, normal ou esperado?

CONCLUSÃO

Aprender sem executar é inútil. Não escrevi este livro só por diversão (é um trabalho duro!) ou simplesmente para "motivá-lo". A motivação sem ação leva à ilusão. Como disse na introdução, o Efeito Cumulativo e os resultados que ele manifestará em sua vida são o que há de verdadeiro. Você nunca mais desejará e esperará que o sucesso o encontre. O Efeito Cumulativo é uma ferramenta que, quando combinada com ação positiva e consistente, fará uma diferença real e duradoura na sua vida. Permita que este livro e sua filosofia sejam seu guia. Permita que as ideias e as estratégias de sucesso se fixem e produzam resultados genuínos, tangíveis e mensuráveis para você. Sempre que perceber que pequenos hábitos ruins aparentemente inofensivos voltaram à sua vida, pegue este livro. Sempre que se desviar da rota da consistência, pegue este livro. Sempre que quiser reacender e dar suporte ao seu poder de motivação, pegue este livro. Sempre que ler este livro, ele convence o Grande Im a visitar sua vida.

Permita-me compartilhar o que me motiva. Meu valor central na vida é a significância. Meu desejo é fazer uma diferença positiva na vida de outras pessoas. Então, para alcançar meus objetivos, preciso que *você* alcance os *seus*. Estou atrás do seu testemunho de resultados transformadores de vida. Quero receber seu e-mail ou carta, ou que você me pare no aeroporto no ano que vem (ou até mesmo daqui a cinco ou dez anos) para me contar os resultados incríveis que conquistou com as ideias concebidas a partir deste livro. Só então saberei que alcancei minhas metas, meus objetivos — que estou cumprindo meus valores centrais de vida.

148   O EFEITO **COMPOSTO**

Para que obtenha esses resultados (e eu, meu testemunho), sei que você precisa agir imediatamente sobre seus novos insights e conhecimentos. Ideias não aplicadas são desperdiçadas. Não quero que isso aconteça. Agora é hora de agir com suas novas convicções. Você tem o poder e espero que o aproveite!

Você *está* pronto para fazer melhorias drásticas, não é mesmo? É claro que a resposta óbvia é: "SIM!" Mas, a essa altura, você sabe que dizer que está pronto para fazer as mudanças necessárias e realmente fazê-las não é a mesma coisa. Para obter resultados diferentes, precisará fazer as coisas de maneira diferente.

Não importa em que patamar esteja ou em que ano descobriu este livro, se eu pudesse, faria estas perguntas simples a você: "Relembre sua vida de cinco anos atrás. Você está *agora* onde achou que estaria cinco anos mais tarde? Livrou-se dos hábitos ruins que jurou se livrar? Está com o corpo que gostaria de ter? Tem uma renda confortável, um estilo de vida invejável e a liberdade pessoal que esperava? Tem uma saúde vigorosa, relacionamentos amorosos abundantes e as habilidades de alta qualidade que pretendia ter a essa altura da vida?" Se não, por quê? Simples — escolhas. É hora de fazer uma nova escolha — escolha não deixar que os próximos cinco anos sejam uma continuação dos últimos cinco. Escolha mudar sua vida de uma vez por todas.

Vamos fazer com que os próximos cinco anos da sua vida sejam incrivelmente diferentes dos últimos cinco! Espero que tenha removido suas limitações. Você conhece a verdade sobre o que é necessário para ter sucesso. Não há mais desculpas. Como eu, você também se recusará a ser enganado pelos últimos truques ou a se distrair com atalhos rápidos. Ficará focado nas disciplinas simples, mas profundas, que o levarão na direção dos seus desejos. Sabe que o sucesso não é fácil e não vem da noite para o dia. Entende que, quando está comprometido em fazer escolhas positivas de momento a momento (apesar da falta de resultados visíveis ou instantâneos), o Efeito Cumulativo *irá* catapultá-lo a alturas que o deixarão pasmo, desnortearão seus amigos, fami-

CONCLUSÃO 149

liares e concorrentes. Quando você se mantém fiel ao seu poder de motivação e permanece consistente com seus novos comportamentos e hábitos, o impulso o carrega rapidamente adiante. E então, juntos, com esse impulso e a ação positiva e consistente, será impossível que os próximos cinco anos sejam mais do mesmo. Pelo contrário, quando fizer o Efeito Cumulativo trabalhar a seu favor, experienciará um sucesso que estou disposto a apostar que nem imagina atualmente! Será incrível.

Tenho mais um princípio valioso do sucesso para transmitir a você. Independentemente do que queira na vida, descobri que o melhor jeito de conseguir é focar minha energia para fornecer essa coisa aos outros. Se quero melhorar minha confiança, procuro maneiras de ajudar alguém a se sentir mais confiante. Se quero me sentir mais esperançoso, positivo e inspirado, tento incutir isso no dia de outra pessoa. Se quero mais sucesso na vida, o modo mais rápido é tentar ajudar alguém a consegui-lo.

O efeito dominó de ajudar os outros e doar seu tempo e energia generosamente é que você se torna o maior beneficiário de sua própria filantropia pessoal. Como um primeiro pequeno passo simples, gostaria que você tomasse uma trajetória de melhoria em sua vida, peço para que experimente essa filosofia em sua própria vida. Se encontrou valor neste livro, se o ajudou de alguma forma, considere dar um exemplar a cinco pessoas com quem se importa e a quem deseja mais sucesso. Os destinatários podem ser parentes, amigos, colegas, vendedores, o dono do seu pequeno negócio local favorito ou alguém que você acabou de conhecer e em cuja vida gostaria de fazer uma diferença marcante. Eu sei que isso parece um benefício para mim. E é. Mas, lembre-se: estou em busca de testemunhos de sucesso. Meu objetivo é fazer a diferença na vida de milhares de pessoas, mas para isso preciso da sua ajuda. Prometo-lhe uma coisa: no fim, você é quem mais se beneficiará. Ajudar outra pessoa a encontrar ideias para obter um sucesso maior é o primeiro passo em direção a exercitá-las em sua própria vida. Ao mesmo tempo, você poderia fazer uma diferença marcante na vida de outra pessoa. Este livro pode alterar o curso da vida de alguém para sempre... e pode ser você a dá-lo para ela. Sem você, as pessoas podem nem descobrir este livro.

Escreva abaixo as cinco pessoas para quem dará um exemplar deste livro:

1) _____

2) _____

3) _____

4) _____

5) _____

Muito obrigado por me honrar com seu valioso tempo! Espero ansiosamente ler sua história de sucesso.

Um brinde ao *SEU* sucesso!

Darren Hardy

GUIA DE RECURSOS

Avaliação de Gratidão

Três pessoas incríveis em minha vida:
1. _____
2. _____
3. _____

Três ótimas coisas sobre meu corpo físico:
1. _____
2. _____
3. _____

Três ótimas coisas sobre minha casa e onde vivo:
1. _____
2. _____
3. _____

Três ótimas coisas sobre meu local de trabalho e minha profissão:
1. _____
2. _____
3. _____

Três ótimos dons de talento único e habilidade que tenho:
1. _____
2. _____
3. _____

Três ótimos dons de conhecimento e experiência que tenho:
1. _____
2. _____
3. _____

Três maneiras pelas quais experimentei a "sorte" na vida:
1. _____
2. _____
3. _____

Três maneiras pelas quais minha vida é rica, abundante e próspera:
1. _____
2. _____
3. _____

Obtenha uma planilha completa para imprimir em www.altabooks.com.br
[procure pelo título/ISBN do livro].

O EFEITO COMPOSTO

Avaliação de Valores Centrais

Seus valores são seu GPS da vida. Defini-los e calibrá-los adequadamente é um dos passos mais importantes para redirecionar a sua vida para sua visão grandiosa. A série de perguntas a seguir o ajudará a avaliar e refinar o que é realmente importante para você e o que mais importa na vida. Responda a cada pergunta cuidadosamente e, então, eu o ajudarei a selecionar os seis principais valores da sua vida.

Quem é a pessoa que eu mais respeito? Quais são seus valores centrais?

_____

_____

Quem é meu melhor amigo e quais são suas três qualidades principais?

_____

_____

Se eu pudesse ter mais de uma qualidade individual instantaneamente, qual seria?

_____

Três coisas que odeio (por exemplo, crueldade com animais, empresas de cartão de crédito, desmatamento etc.):

_____

_____

Quais são as três pessoas que menos gosto no mundo e por quê?

_____

_____

_____

Por qual traço de personalidade, atributo ou qualidade as pessoas mais me elogiam?

_____

Quais são os três valores mais importantes que desejo transmitir aos meus filhos?

_____

_____

Obtenha uma planilha completa para imprimir em www.altabooks.com.br [procure pelo título/ISBN do livro].

GUIA DE RECURSOS **153**

Avaliação de Vida

Encare a Verdade

Não há respostas erradas, notas, classificação ou mesmo uma interpretação de suas respostas a não ser sua própria avaliação meticulosa. Seja sincero e verdadeiro consigo mesmo. Até quando a resposta verdadeira é um pouco vergonhosa ou dolorosa, lembre-se de que ninguém mais precisa vê-la e que você nunca terá sucesso enganando a si mesmo.

Classifique as afirmações a seguir em uma escala de 1 a 5, sendo 1 o Menos Verdadeiro e 5 o Mais Verdadeiro:

RELACIONAMENTOS & FAMÍLIA	
Passo pelo menos 10 horas de tempo focado com minha família toda semana.	1 2 3 4 5
Reúno-me com amigos pelo menos uma vez por semana.	1 2 3 4 5
Não há ninguém em minha vida a quem eu não tenha perdoado completamente.	1 2 3 4 5
Estou ativamente envolvido em aprender a ser um companheiro, pai e/ou amigo melhor.	1 2 3 4 5
Busco ativamente maneiras de apoiar e ajudar o sucesso de meus amigos e familiares.	1 2 3 4 5
Assumo a responsabilidade total por todos os conflitos de relacionamentos quando surgem.	1 2 3 4 5
Confio facilmente naqueles que moram e trabalham comigo.	1 2 3 4 5
Sou 100% sincero e aberto com todos aqueles com quem vivo e trabalho.	1 2 3 4 5
Para mim, é fácil me comprometer com os outros e honrar esses compromissos.	1 2 3 4 5
Reconheço quando preciso de suporte e busco ajuda continuamente.	1 2 3 4 5
Soma Final:	

FÍSICO	
Faço musculação pelo menos 3x por semana.	1 2 3 4 5
Faço exercícios cardiovasculares pelo menos 3x por semana.	1 2 3 4 5
Faço exercícios de alongamento e/ou ioga pelo menos 3x por semana.	1 2 3 4 5
Durante um dia normal, assisto mais de 1 hora de TV.	1 2 3 4 5
Tomo café da manhã (mais do que apenas café) todos os dias.	1 2 3 4 5
Nunca como fast-food.	1 2 3 4 5
Passo pelo menos 30 minutos por dia ao ar livre todos os dias.	1 2 3 4 5
Durmo sem interrupções por pelo menos 8 horas todas as noites.	1 2 3 4 5
Não bebo mais do que 1 bebida cafeinada por dia.	1 2 3 4 5
Bebo pelo menos 8 copos de água por dia.	1 2 3 4 5
Soma Final:	

Obtenha uma planilha completa para imprimir em www.altabooks.com.br [procure pelo título/ISBN do livro].

154 O EFEITO COMPOSTO

Avaliação de Hábitos

A mágica ocorre quando você se torna a pessoa que precisa ser para atrair as pessoas ou os resultados que deseja encontrar ou alcançar. Use o exemplo abaixo para determinar o fator mágico para alcançar seus objetivos.

EXEMPLO:

OBJETIVO: Ter uma renda extra de R$100.000 no ano que vem

Descrição geral de QUEM PRECISO SER:

- Sou um mestre disciplinado da eficiência de tempo.
- Foco solenemente ações com grandes recompensas e produtividade.
- Acordo uma hora mais cedo e revejo meus objetivos prioritários todas as manhãs.
- Alimento meu corpo adequadamente e me exercito quatro vezes por semana, então tenho energia e sou altamente eficiente em todas as horas de trabalho.
- Alimento minha mente com ideias e inspirações que darão apoio e sustentação à minha paixão.
- Cerco-me de colegas e mentores que elevam minhas expectativas e me estimulam a subir meus níveis de disciplina, comprometimento e realização.
- Sou um líder inteligente, confiante e eficaz.
- Busco e cultivo a força e a grandeza em todos à minha volta.
- Entrego excelência aos meus clientes e descubro continuamente maneiras de surpreendê-los, encorajando o retorno das transações e muitas indicações.

Novos hábitos, disciplinas e comportamentos que preciso COMEÇAR:

- Acordar às 5h, alimentar minha mente com material positivo — 30 minutos de leitura ou escuta de algo inspirador e educativo todos os dias.
- 30 minutos de pensamentos silenciosos.
- 30 minutos de planejamento, comendo um café da manhã rico em fibras e proteínas.
- Exercitar-me por pelo menos 30 minutos três vezes por semana.
- Ligar para 10 novas contas principais por semana para manter contato, manutenção e aumentar o desenvolvimento de 10 clientes existentes por semana, planejando cada dia na noite anterior, lembrando-me de aniversários e datas especiais de funcionários e clientes, seguindo notícias, blogs e atualizações de contas-alvo...

Hábitos, disciplinas ou comportamentos existentes que preciso EXPANDIR:

Reconhecer meus colegas de equipe quando realizarem algo, delegar tarefas administrativas, ir mais cedo para o escritório, ser rápido, vestir-me profissionalmente...

Hábitos ou comportamentos ruins que devo EXCLUIR:

- Assistir à TV por duas horas à noite e ouvir notícias no carro.
- Participar de reuniões improdutivas e dizer sim para projetos que estejam em conflito com minhas maiores prioridades.
- Fofocar com colegas, reclamar da situação econômica, do mercado, de membros da equipe ou de clientes.
- Atender ligações pessoais ou passar tempo no Facebook ou outros sites pessoais de mídia social durante o dia.
- Comer depois das 19h30, beber mais de uma taça de vinho à noite, fazer almoços longos sem clientes...

As três principais modificações e como as implementarei em minha rotina diária:

HÁBITO, COMPORTAMENTO OU DISCIPLINA	IMPLEMENTAÇÃO NA ROTINA
Alimentar a mente	A primeira coisa a fazer pela manhã é ler 30 minutos enquanto o café passa. Ouvir um áudio na viagem de ida e volta do trabalho.
Ligar para 10 novos clientes por semana	Ter 14h–17h, Qua 10h–12h, Qui 13h–16h
Associações de suporte	Participar e me comprometer a um fórum idealizador quinzenal

---

Obtenha uma planilha completa para imprimir em www.altabooks.com.br [procure pelo título/ISBN do livro].

GUIA DE RECURSOS 155

Registro de Ritmo Semanal

Registro de Ritmo Semanal

Comportamento/Ação	Seg	Ter	Qua	Qui	Sex	Sáb	Dom	Realizado	Objetivo	Diferença
							TOTAL			

*Compromisso é fazer o que disse que faria muito depois
que o humor no qual estava quando disse isso mudou.*

Início e fim: _____ – _____

Obtenha uma planilha completa para imprimir em www.altabooks.com.br
[procure pelo título/ISBN do livro].

Influências de Informações

Avaliando Suas Informações

Vamos observar todas as maneiras em potencial que você alimenta sua mente com informações de pouco suporte. Basta colocar um zero se não fizer uma atividade específica.

Atividade	Por Dia	Por Semana	Total por Ano
		Tempo	
Ler o jornal			
Programas de TV matinais ou noticiários			
Noticiários da rádio no carro			
Jornal noturno na TV			
Noticiários de TV durante o dia (CNN etc.)			
Notícias na internet			
Feed RSS de notícias			
Blogs e sites de fofocas, notícias, leitores etc.			
Revistas de notícias (*Newsweek*, *TIME* etc.)			
Revistas de fofoca (*People*, *Vanity Fair* etc.)			
Outras fontes de notícias, fofocas e "sociais"			
Séries de comédia ou outros programas			
Assistir a filmes pouco positivos para a vida			
Total			

Liste três maneiras que utilizará para cortar ou limitar significativamente informações negativas, alarmantes, preocupantes, fofocas ou comentários sociais desnecessários em jornais, revistas, sites, no rádio, na TV ou outras fontes.

1. _____
2. _____
3. _____

Seu Plano para Alimentar Sua Mente

Quais são os modos que utilizará para alimentar sua mente com informações positivas, inspiradoras, abundantes e ideias de prosperidade?

1. _____
2. _____
3. _____
4. _____
5. _____

Obtenha uma planilha completa para imprimir em www.altabooks.com.br [procure pelo título/ISBN do livro].

GUIA DE RECURSOS   157

Avaliador de Associações

Avaliando Suas Associações Atuais

É uma questão da quantidade de TEMPO que você passa com pessoas exceto pela família imediata (companheiro e filhos) e interações restritas do trabalho (colegas, a não ser que passe um tempo fora do trabalho com eles). Avalie seus níveis de sucesso em cada uma das áreas a seguir:

Nome	Física	Financeira	Negócios/ Profissional	Mental/Atitude	Espiritual/Amor	Família	Relacionamentos	Estilo de Vida	Média
1.									
2.									
3.									
4.									
5.									
Média									

Agora, organize suas associações nas três categorias a seguir: dissociação, associação limitada e associação expandida.

Dissociação

Talvez você precise se dissociar de alguém da tabela anterior, ou qualquer outra pessoa envolvida em sua vida em qualquer grau, que tenha uma influência negativa sobre você — mental, emocional, fisicamente, de atitude ou qualquer outra. Essas pessoas que têm um efeito negativo sobre o que você fala, come, bebe, faz, assiste, ouve etc.

Nome
1.
2.
3.

Obtenha uma planilha completa para imprimir em www.altabooks.com.br [procure pelo título/ISBN do livro].

Este livro foi impresso nas oficinas gráficas da Editora Vozes Ltda.,
Rua Frei Luís, 100 – Petrópolis, RJ.